Ética aplicada aos métodos alternativos de resolução de conflitos: arbitragem, conciliação e mediação

Ética aplicada aos métodos alternativos de resolução de conflitos: arbitragem, conciliação e mediação

Lucymara Ursola Turesso
Zavolski

Rua Clara Vendramin, 58
Mossunguê . CEP 81200-170
Curitiba . PR . Brasil
Fone: (41) 2106-4170
www.intersaberes.com
editora@intersaberes.com

▪ Conselho editorial
Dr. Alexandre Coutinho Pagliarini
Dr.ª Elena Godoy
M.ª Maria Lúcia Prado Sabatella
Dr. Neri dos Santos

▪ Editora-chefe
Lindsay Azambuja

▪ Gerente editorial
Ariadne Nunes Wenger

▪ Assistente editorial
Daniela Viroli Pereira Pinto

▪ Preparação de originais
Arte e Texto Edição e Revisão de Textos

▪ Edição de texto
Palavra do Editor

▪ Projeto gráfico
Raphael Bernadelli

▪ Capa
Sílvio Gabriel Spannenberg (*design*)
Meeko Media/Shutterstock (imagem)

▪ Diagramação
Estúdio Nótua

▪ *Designer* responsável
Charles L. da Silva

▪ Iconografia
Maria Elisa de Carvalho Sonda
Regina Claudia Cruz Prestes

Dados Internacionais de Catalogação na Publicação (CIP)
(Câmara Brasileira do Livro, SP, Brasil)

Zavolski, Lucymara Ursola Turesso
 Ética aplicada aos métodos alternativos de resolução de conflitos : arbitragem, conciliação e mediação / Lucymara Ursola Turesso Zavolski. -- Curitiba, PR : InterSaberes, 2024.

 Bibliografia.
 ISBN 978-85-227-0910-6

 1. Arbitragem (Direito) – Brasil 2. Boa-fé (Direito) 3. Conflitos – Resolução (Direito) 4. Ética 5. Mediação I. Título.

24-210669   CDU-347.918(81)

Índice para catálogo sistemático :
1. Brasil : Arbitragem : Processo civil   347.918(81)

Cibele Maria Dias – Bibliotecária – CRB-8/9427

1ª edição, 2024.
Foi feito o depósito legal.

Informamos que é de inteira responsabilidade da autora a emissão de conceitos.

Nenhuma parte desta publicação poderá ser reproduzida por qualquer meio ou forma sem a prévia autorização da Editora InterSaberes.

A violação dos direitos autorais é crime estabelecido na Lei n. 9.610/1998 e punido pelo art. 184 do Código Penal.

apresentação 11

como aproveitar ao máximo este livro 13

Capítulo 1 Ética: fundamentos e princípios - 17
   1.1 O que é ética? - 18
   1.2 Ética na Antiguidade: Sócrates, Platão e Aristóteles - 25
   1.3 A ética contemporânea: o princípio da responsabilidade por Hans Jonas - 38

Capítulo 2 Ética nas relações humanas - 47
   2.1 Ética e direitos humanos - 48
   2.2 Ética na economia - 54
   2.3 Ética nos negócios: a ética convencionada - 57
   2.4 Ética ambiental: ESG e responsabilidade social empresarial - 66

sumário

Capítulo 3 **Métodos alternativos de resolução de conflitos - 85**

    3.1 Considerações iniciais - 86
    3.2 Arbitragem - 90
    3.3 Conciliação e mediação - 92
    3.4 Princípios norteadores da arbitragem - 107
    3.5 Princípios norteadores da conciliação e da mediação - 118
    3.6 Códigos de ética - 133
    3.7 Dos dilemas éticos - 142
    3.8 A ética e sua aplicação na prática da arbitragem, da conciliação e da mediação - 155

considerações finais 167

estudos de caso 171

referências 177

respostas* 193

sobre a autora 197

*Como demonstração do meu amor,
admiração e agradecimento,
dedico esta obra ao meu pai,
Salvador Zavolski.*

"A Ética é a mais pura expressão da consciência humana, é a exteriorização da alma, do desejo e do caráter, é a que nos torna plenos ou miseráveis."
(Douglas Ferrari)

Esta obra tem como objetivo apresentar ao leitor notas introdutórias sobre a ética e sua aplicação aos métodos alternativos de resolução de conflitos, quais sejam: arbitragem, conciliação e mediação.

A relevância da aplicação da ética aos métodos alternativos de resolução de conflitos encontra respaldo na realidade atual, haja vista a crescente demanda de combate a atos fraudulentos e corruptos, práticas estas altamente deletérias a qualquer tentativa de avanço no desenvolvimento econômico e, consequentemente, no desenvolvimento social.

Assim, a raiz do estudo da ética é, essencialmente, filosófica, o que nos inclina a iniciar esta apresentação com perguntas elementares: O que é ética? *Ética* e *moral* são sinônimos? Existe influência da ética na economia? No campo profissional, existem parâmetros para avaliar o grau de ética do profissional? Em que consiste um código de ética?

Ao final da obra, o leitor deve ser capaz de identificar, entre outros pontos, a importância do estudo e da aplicação da ética, a distinção entre ética e moral, bem como os padrões exigidos para o cumprimento dos deveres éticos na prática profissional,

apresentação

tanto na atuação do árbitro quanto na atuação do mediador e do conciliador.

Para possibilitarmos o alcance de tal objetivo (no singular, porque o objetivo é identificar os pontos elencados), estruturamos este livro em três capítulos. No primeiro capítulo, tratamos dos conceitos essenciais para o estudo da ética, com a apresentação de duas concepções: a ética antiga, fundamentada no pensamento dos filósofos Sócrates, Platão e Aristóteles, e a ética moderna, apoiada no conceito do princípio de responsabilidade, desenvolvido pelo pensador Hans Jonas.

A partir do segundo capítulo, a trajetória é centrada na ética das relações humanas. Desse modo, abordamos a correlação entre ética e direitos humanos, ética e economia, ética nos negócios e, por fim, ética ambiental, ESG – *Environmental, Social and Governance* (em português, Ambiental, Social e Governança) e responsabilidade social empresarial. O intuito desse capítulo é demonstrar ao leitor que o exercício da ética é inerente ao ser humano, isto é, onde há possibilidade de relações humanas, onde há comportamento humano, há ética.

No terceiro capítulo, examinamos os conceitos específicos dos métodos alternativos de resolução de conflitos, seus princípios norteadores e a legislação aplicável, com uma análise propositiva sobre o padrão de comportamento ético quando do exercício profissional nessa área.

Boa leitura!

Empregamos nesta obra recursos que visam enriquecer seu aprendizado, facilitar a compreensão dos conteúdos e tornar a leitura mais dinâmica. Conheça a seguir cada uma dessas ferramentas e saiba como estão distribuídas no decorrer deste livro para bem aproveitá-las.

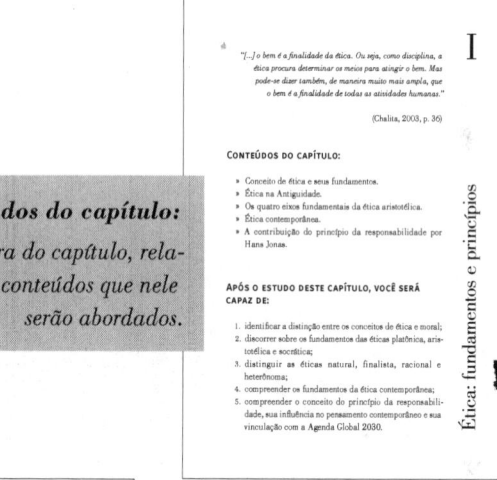

Conteúdos do capítulo:
Logo na abertura do capítulo, relacionamos os conteúdos que nele serão abordados.

Após o estudo deste capítulo, você será capaz de:
Antes de iniciarmos nossa abordagem, listamos as habilidades trabalhadas no capítulo e os conhecimentos que você assimilará no decorrer do texto.

como aproveitar ao máximo este livro

Para saber mais

Sugerimos a leitura de diferentes conteúdos digitais e impressos para que você aprofunde sua aprendizagem e siga buscando conhecimento.

Síntese

Ao final de cada capítulo, relacionamos as principais informações nele abordadas a fim de que você avalie as conclusões a que chegou, confirmando-as ou redefinindo-as.

Questões para revisão

Ao realizar estas atividades, você poderá rever os principais conceitos analisados. Ao final do livro, disponibilizamos as respostas às questões para a verificação de sua aprendizagem.

Questões para reflexão

Ao propormos estas questões, pretendemos estimular sua reflexão crítica sobre temas que ampliam a discussão dos conteúdos tratados no capítulo, contemplando ideias e experiências que podem ser compartilhadas com seus pares.

---

d. Moral é o conjunto de normas livres e conscientemente adotadas que visam organizar as relações das pessoas na sociedade, tendo em vista o certo e o errado.
e. A ética tem a ver com os princípios mais abrangentes e universais, enquanto a moral se refere à conduta humana.

5) (Cespe/Cebraspe – 2021 – Professor – Conhecimentos comuns) Uma das características fundamentais de uma conduta ética é a moralidade, que consiste

a. na conduta de se preocupar com os interesses do outro de forma espontânea e positiva.
b. nas virtudes, que dão origem à capacidade de distinguir o certo do errado.
c. em um conjunto de valores que conduzem o comportamento, as decisões e as ações.
d. no comportamento que torna as pessoas plenas e autênticas, visto como excelência humana.
e. nos elementos que orientam a convivência bondosa dos indivíduos entre si.

QUESTÕES PARA REFLEXÃO

1) Qual é a função da ética?
2) Por que ser ético?
3) Qual é a relação entre morte e ética?

CONSULTANDO A LEGISLAÇÃO

Os conceitos sobre os princípios aplicáveis e exigidos em cada caso foram expostos com a finalidade de abordar sua aplicação. Contudo, convém ainda citar os dispositivos legais que disciplinam a matéria.

No âmbito da arbitragem, a Lei n. 9.307, de 23 de setembro de 1996, determina:

Art. 21. A arbitragem obedecerá ao procedimento estabelecido pelas partes na convenção de arbitragem, que poderá reportar-se às regras de um órgão arbitral institucional ou entidade especializada, facultando-se, ainda, às partes delegar ao próprio árbitro, ou ao tribunal arbitral, regular o procedimento.

§ 1º Não havendo estipulação acerca do procedimento, caberá ao árbitro ou ao tribunal arbitral disciplinar-lo.

§ 2º Serão, sempre, respeitados no procedimento arbitral os princípios do contraditório, da igualdade das partes, da imparcialidade do árbitro e de seu livre convencimento.

§ 3º As partes poderão postular por intermédio de advogado, respeitada, sempre, a faculdade de designar quem as represente ou assista no procedimento arbitral.

§ 4º Competirá ao árbitro ou ao tribunal arbitral, no início do procedimento, tentar a conciliação das partes, aplicando-se, no que couber, o art. 28 desta Lei.

Já a mediação e a conciliação foram disciplinadas pela Lei n. 13.140, de 26 de junho de 2015:

Consultando a legislação

Listamos e comentamos nesta seção os documentos legais que fundamentam a área de conhecimento, o campo profissional ou os temas tratados no capítulo para você consultar a legislação e se atualizar.

I

"[...] o bem é a finalidade da ética. Ou seja, como disciplina, a ética procura determinar os meios para atingir o bem. Mas pode-se dizer também, de maneira muito mais ampla, que o bem é a finalidade de todas as atividades humanas."

(Chalita, 2003, p. 36)

Conteúdos do capítulo:

» Conceito de ética e seus fundamentos.
» Ética na Antiguidade.
» Os quatro eixos fundamentais da ética aristotélica.
» Ética contemporânea.
» A contribuição do princípio da responsabilidade por Hans Jonas.

Após o estudo deste capítulo, você será capaz de:

1. identificar a distinção entre os conceitos de ética e moral;
2. discorrer sobre os fundamentos das éticas platônica, aristotélica e socrática;
3. distinguir as éticas natural, finalista, racional e heterônoma;
4. compreender os fundamentos da ética contemporânea;
5. compreender o conceito do princípio da responsabilidade, sua influência no pensamento contemporâneo e sua vinculação com a Agenda Global 2030.

Ética: fundamentos e princípios

1.1 O que é ética?

A cada dia, para além da esperança inerente aos seres humanos, renovam-se notícias de escândalos ligados à prática de atos fraudulentos e corruptos – atos em que o certo é trocado pelo duvidoso. A prática de atos antiéticos não gera dúvidas: é optar por seguir o caminho errado quando há a possibilidade de se escolher o caminho certo.

Seria essa escolha o desafio da humanidade?

Fato incontestável é que a realidade de Estados, nações, grupos étnicos, bem como do âmbito familiar, revela dados alarmantes sobre a prática de atos contrários à ética.

O principal indicador de corrupção no mundo, divulgado pela organização não governamental (ONG) Transparency International (TI) e utilizado como referência global por agentes tomadores de decisões para avaliação de riscos e planejamento de ações, indica que o Brasil, no ano de 2021, foi classificado na 96ª posição, com 38 pontos, em colocação inferior à de países como China, Cuba e Ruanda.

Não é fato novo – é histórico. O combate à corrupção é uma luta constante e que cada vez mais ganha espaço e visibilidade no que se refere ao debate e à conscientização da população. No Brasil não poderia ser diferente: a corrupção impacta e desestabiliza a economia por elevar o risco econômico, gerando, consequentemente, aumento no custo de produção e, de outro lado, redução da faixa de investimento.

A corrupção é apenas um dos exemplos de práticas antiéticas capazes de provocar diversos malefícios, tanto individuais quanto sociais.

Cabe frisar que a prática de tais atos se opõe à própria lei de sobrevivência humana, do que se conclui que a ética é um elemento vital na produção da realidade social.

Fato é que a humanidade tem muito a lamentar se estiver atenta ao que ocorre em todo o planeta, e a condição para a manutenção da condição humana na Terra passa, essencialmente, pela ética, pois ela está relacionada à opção, ao desejo de realizar uma vida fundamentada nas ideias de bem e virtude, que, quando alcançadas, se traduzem numa existência plena e feliz.

A ética, apontada como aquilo que falta para o mundo ser melhor, invoca a necessidade de um repensar comportamental. Nas palavras do autor José Renato Nalini (2020, p. 30): "Ética, infelizmente, é moeda em curso até para os que não costumam se portar eticamente. Na verdade, quem menos tem ética, mais a cobra dos outros".

O diagnóstico é claro: é necessário reabilitar a ética em toda a sua compreensão e seu alcance, com a finalidade de que a frouxidão de conduta e a insensibilidade no trato com a natureza sejam refreadas, quiçá extirpadas da consciência humana, tamanha é a contaminação pela irracionalidade e pela insensatez desses comportamentos humanos.

E o primeiro passo para balizar a conduta humana, como fundamento, está na ética. Por meio do uso do intelecto, isto é, da racionalidade, o ser humano redescobre e passa a valorar a finitude da vida pela consciência sobre a irreal e pretensiosa ideia de imortalidade.

Mas, afinal, o que é ética? Existe relação entre ética e moral?

De início, é necessário compreender que a definição do conceito inserido em uma palavra tem relevância para a sua aplicação apropriada, bem como para a delimitação de suas vertentes, pois há quem afirme a ética como sinônimo de *moral*, assim como há aqueles que a dissociam desta.

Entre os defensores de que os termos *ética* e *moral* são intercambiáveis, isto é, são sinônimos, encontra-se o autor Luc Ferry (2010, p. 43), o qual assevera:

> Deve-se dizer "moral" ou "ética", e que diferença existe entre os dois termos? Resposta simples e clara: *a priori*, nenhuma, e você pode utilizá-los indiferentemente. A palavra "moral" vem da palavra latina que significa "costumes", e a palavra "ética", da palavra grega que também significa "costumes". São, pois, sinônimos perfeitos e só diferem pela língua de origem. Apesar disso, alguns filósofos aproveitaram o fato de que havia dois termos e lhes deram sentidos diferentes. Em Kant, por exemplo, a moral designa o conjunto dos princípios gerais, e a ética, sua aplicação concreta. Outros filósofos ainda concordarão em designar por "moral" a teoria dos deveres para com os outros, e por "ética", a doutrina da salvação e da sabedoria.

Nessa ordem de ideias, *moral*, palavra originária do latim *mos* (ou, no plural, *mores*), que, como vimos, significa "costume", refere-se a aspectos do comportamento humano, isto é, um conjunto de práticas reiteradas. Assim, em uma visão pragmática, há quem sustente que a moral é ampla e abrangente.

Dito isso, compreende-se que o objeto da ética é o estudo do comportamento moral dos homens, ou seja, como ciência, apresenta objeto, leis e método próprios.

Desse modo, o estudo da ética tem como objeto de investigação a moralidade positivada, isto é, o exame do conjunto de regras de comportamento e formas de vida por meio das quais o homem tende a realizar o valor do bem. Portanto, **a ética**

pode ser conceituada como a ciência dos costumes e a moral como objeto de investigação da ética.

A ética, na qualidade de ciência, tem como fundamento a racionalidade e a objetividade, com a finalidade de elaborar um conhecimento sistemático e metódico, ao passo que a moral é composta pelo padrão do comportamento humano, ou seja, não é elemento da moral o processo reflexivo.

Logo, a ética, pela aplicação do método científico, permite a investigação do sentido moral do comportamento para, com base nisso, sistematizar normas, valores e princípios que devem nortear a existência humana.

Com relação à origem etimológica, a palavra *ética* é derivada do termo grego *ethos*, que significa "morada", "lugar onde se habita". Com uma compreensão do sentido clássico de *ética*, Heidegger (1987, p. 81-82) esclarece que

> Hθος [*ethos*] significa "morada", lugar da habitação. A palavra nomeia o âmbito aberto onde o homem habita. O aberto da sua morada torna manifesto aquilo que vem ao encontro da essência do homem e, assim, aproximando-se, demora-se em sua proximidade. A morada do homem contém e conserva o advento daquilo a que o homem pertence na sua essência. Isto é, segundo a palavra de Heráclito, o δαίμων, o Deus. A sentença diz: o homem habita, na medida em que é homem, na proximidade de Deus.

É possível notar no trecho "a morada do homem contém e conserva o advento daquilo a que o homem pertence na sua essência" que a ética é inerente à natureza do ser humano e reflete o exercício da razão, isto é, da racionalidade que é própria do homem. Com base nessa compreensão, percebe-se que o termo *ética*, estando vinculado à própria natureza humana, não está relacionado somente a comportamentos determinados pelo contexto.

Isso porque o *ethos*, na condição de hábito, mantém costumes e tradições estabelecidas, ou seja, moldamo-nos a partir do que já é existente, reproduzindo padrões sem, ao menos, refletir sobre a eticidade desses comportamentos.

De outra sorte, a compreensão de *ethos* como "morada" permite ao homem a investigação sobre a própria existência e sobre os sentidos de existir, sem, portanto, vinculação estrita ao modelo imposto pela sociedade. Não se trata de apenas ter bons hábitos. A virtude não é decorrente, apenas, dos bons hábitos. A ética está intrinsecamente vinculada à essência da condição de ser humano, independentemente de sexo, origem, idade e religião.

Nessa perspectiva, o estudo da ética está centrado na investigação dos dilemas morais como reflexo do comportamento humano, porquanto o homem, como um ser indivíduo que mantém relações sociais, deve atender a um padrão de comportamento exigido pela sociedade.

Esse padrão pode ser decorrente de previsão legal ou apenas reflexo das regras sociais não impostas pela coerção (norma), mas exigidas pela prática reiterada de determinadas condutas.

Com essas ideias gerais, questionamentos possíveis e intrínsecos à condição humana refletem a espinha dorsal do estudo da ética, tal como ilustra a figura a seguir.

Figura 1.1 – A escolha

O que é o certo?
O que é o errado?
O que é o bem?
O que é o mal?
O que é a virtude?
Como ser um homem virtuoso?

Essas são perguntas simples e diretas, mas que apresentam inegável complexidade para a elaboração de suas respostas, o que implica reconhecer a limitação da consciência e da racionalidade humana.

Como dito alhures, considerando-se que o objeto da ética consiste no estudo do comportamento humano, é indissociável a limitação contextual social e histórica relacionada com o padrão de condutas éticas.

Posto isso, é indispensável, para a análise do tema proposto, revisitar os ensinamentos fundantes do pensamento ocidental realizados pelos filósofos Sócrates, Platão e Aristóteles, com suas contribuições originais e atemporais.

Para além da conceituação, é essencial também, para aprofundar os estudos, compreender o surgimento do estudo dos dilemas éticos em determinado contexto histórico.

> **PARA SABER MAIS**
>
> ANZENBACHER, A. **Introdução à filosofia ocidental**. Tradução de Antonio Celiomar Pinto de Lima. Petrópolis: Vozes, 2009.
>
> Nesse livro, o leitor é convidado a refletir sobre os principais temas da filosofia ocidental. De modo sistemático, o autor aborda a relação entre o discurso filosófico antigo e o contemporâneo, com a finalidade de proporcionar ao leitor autonomia no processo de compreensão de problemáticas atuais e dos correspondentes limites preestabelecidos.
>
> FERRY, L. **Aprender a viver**: filosofia para os novos tempos. Rio de Janeiro: Objetiva, 2010.
>
> Para que serve a filosofia? Essa é uma das perguntas que o autor desse livro procura responder de forma clara e

> acessível, sem perder a essencialidade e a profundidade das reflexões propostas ao longo da obra.
>
> RUSS, J. **Pensamento ético contemporâneo**. Tradução de Marcondes Cesar. São Paulo: Paulus, 1999.
>
> Nessa obra, a autora expõe o tema da ética relacionado às diversas questões inerentes à vida humana: ética nos negócios, bioética, moralização da coisa pública, entre outras.

1.2 Ética na Antiguidade: Sócrates, Platão e Aristóteles

O objetivo desta seção é compreender as ideias desenvolvidas pelos filósofos Sócrates, Platão e Aristóteles e, a partir desse embasamento fundamental, identificar o reflexo e a pertinência dessas concepções nos dias atuais, posto que, ainda que sejam identificáveis distinções de natureza histórica e cultural no comportamento humano, as reflexões mais fundamentais são atemporais.

Figura 1.2 – Pensamento filosófico

Sabetskaya/Shutterstock

Assim, como o ponto de partida para o estudo da ética deve perpassar pelas ideias dos filósofos que marcaram a filosofia ocidental, nosso objetivo é identificar as ideias centrais do pensamento dos filósofos mencionados e correlacioná-las com as condições para o estudo da ética.

Convém esclarecer que, por necessidade de delimitação, como recorte metodológico, a investigação do tema tem como referências bibliográficas obras essenciais para a formação do pensamento ocidental. Portanto, não abordaremos neste livro concepções filosóficas sobre a ética oriental.

A pretensão aqui é apenas indicar, de maneira introdutória, os conceitos basilares sobre o estudo da ética e, por questão de pragmatismo, a sequência a ser apresentada tem como finalidade introduzir o leitor nas ideias dos precursores do estudo filosófico e nas reflexões sobre a ética na filosofia ocidental.

Em um segundo momento, já na fase contemporânea, a qual teve início com o marco da Revolução Francesa, em 1789, passaremos à análise da ética da responsabilidade e do pensamento refletido por Hans Jonas.

Ao estudar este capítulo, você terá subsídios para saber a distinção entre o pensamento cultivado na Antiguidade e o pensamento desenvolvido na contemporaneidade e o modo como isso se reflete em questões atuais que envolvem discussões éticas em diversos campos.

1.2.1 O método socrático: a maiêutica

O estudo da ética na Antiguidade teve início com o precursor Sócrates, figura enigmática porque ainda subsistem dúvidas sobre a sua existência, haja vista que não produziu nenhuma obra. O que se sabe sobre o pensamento de Sócrates é por meio dos escritos de Platão e Aristófones.

Figura 1.3 – Sócrates

Morphart Creation/Shutterstock

A principal contribuição de Sócrates (470/469 a.C.-399 a.C.) foi o método socrático – denominado *maiêutica* –, o qual consiste em realizar contínuas indagações no intuito de conduzir o interlocutor a refletir sobre os questionamentos e, assim, descobrir a verdade por si mesmo. Nesse sentido, de acordo com Nicholas Fearn (2004, p. 34),

> Sócrates declarava com toda franqueza sua própria posição – que era, ele afirmava, uma posição de ignorância. Foi porque admitia isso de bom grado que, num episódio célebre, o Oráculo de Delfos o declarou o homem mais sábio da Grécia. Se, como ele sustentava, a única coisa que sabia era que nada sabia, isso não o impedia de expor detalhadamente suas opiniões. Sua modéstia, não raro, é ironia, ao passo que seu louvor à sabedoria alheia, em geral, é sarcasmo. Num sentido mais profundo, contudo, sua modéstia revela verdadeira integridade. Tendo insistido que devemos "seguir a argumentação até onde ela leva", faz sentido que considerasse também que não

devemos nos apegar dogmaticamente a qualquer crença com que tenhamos começado a discussão. Isso significa estar pronto a aceitar críticas, bem como a fundamentar proposições.

A postura do filósofo é inclinada ao conhecimento e à investigação da verdade. A soberba e a falácia, representada pelo pensamento dos sofistas, para Sócrates, eram motivo de combate. Seu compromisso era com a lógica e com o mundo das ideias e sua missão não era escrever, apenas estimular e parir boas ideias (Pegoraro, 2008).

Como requisito indispensável para conhecer a verdade e qualquer outra coisa, mundana ou não, é valiosa e imperiosa a máxima propagada por Sócrates: "Conhece-te a ti mesmo". Esse é o processo mais complexo, isto é, conhecimento sobre a própria humanidade e a compreensão da constituição da individualidade. Só quem se conhece apresenta condições de conhecer o que quer que seja. Portanto, para o filósofo, o início da investigação é interno.

E o que isso significa? O que tem a ver com o estudo da ética?

Figura 1.4 – Ser ou não ser? Dilema shakespeariano

O autoconhecimento não está dissociado da investigação da vida humana e de sua condição racional. Significa conhecer seus limites, suas capacidades, suas mutações e conscientizar-se sobre a finitude da vida. Somente por meio do processo reflexivo é possível alcançar a consciência – consciência sobre o comportamento, as falhas, os erros, as inconsistências etc. Trata-se de confrontar-se o que incomoda e, a partir disso, assumir a responsabilidade sobre o resultado da própria conduta.

Com o desenvolvimento do ferramental para o autoconhecimento, o ser humano compreende, sente a verdade oculta em sua alma e, dessa forma, ajusta sua conduta inclinada para o bem, como pura prática virtuosa oriunda da sabedoria. Nesse ponto, para García Máynez (1970), a ética socrática tem como ponto fundante a sabedoria, a qual representa a virtude do saber. Vejamos:

> Ao lado do racionalismo, há em sua ética um aspecto eudemonista. Como a maioria dos pensadores helênicos, faz da felicidade o desiderato da existência, mas acredita que à ventura só pode chegar-se pelo caminho reto. Na moral socrática se dá uma estreita relação entre estas três noções: o saber, a virtude e a felicidade. O conhecimento do bem implica a prática da virtude e o exercício desta faz felizes os homens. A sabedoria é o valor supremo, já que é condicionante dos outros dois. (Máynez, 1970, p. 126-127, tradução nossa)

Em que pese a inexistência de escritos pelo filósofo Sócrates, isso não impediu a imortalidade de sua alma pelo ensino ao seu discípulo fiel, Platão, sendo este o responsável pelo registro de seus ensinamentos.

1.2.2 A ética platônica: imutabilidade e transcendência

Quem, quando adolescente, não teve um arrebatamento, quase irrecuperável, pela vivência de um "amor platônico"? A origem dessa expressão guarda correlação direta com o mundo das ideias de Platão (428/427 a.C.-348/347 a.C.).

Figura 1.5 – Platão

Marzolino/Shutterstock

Platão, em sua obra intitulada *Fédon*, defende que há distinção entre a causa material e a causa teleológica, pois, enquanto a primeira representa apenas os elementos suficientes para a ação e o movimento, a causa teleológica apresenta a finalidade do movimento.

A ética platônica, definida como *ética da transcendência*, é dividida em três eixos, quais sejam:

1. a justiça na ordem individual e social.
2. a transcendência do bem, fundamento seguro e inabalável da conduta humana e da distinção entre o bem e o mal.
3. as virtudes humanas e a ordem política (Pegoraro, 2008).

Na concepção da ética transcendente, a justiça é lei e fundamento de toda ordem cósmica, e sua prática é a virtude que conduzirá o homem para a prática do sumo bem transcendente (Pegoraro, 2008). A virtude (*aretê*) é compreendida como a via áurea, isto é, um hábito e comportamento da alma (Pegoraro, 2008).

Desse modo, apreende-se que a ética platônica está fundamentada na virtude da justiça e na regência das outras virtudes, indicadas a seguir.

As virtudes na concepção da ética platônica

» **Prudência** – É a virtude da alma racional.
» **Coragem** – Cumprir o dever, lutar contra a dor. Representa fortaleza, sensibilidade e valor. É a virtude do guerreiro.
» **Temperança** – É a representação do equilíbrio e da moderação. Corresponde à subordinação dos instintos animais ao uso da razão.

Fonte: Elaborado com base em Nogueira, 2000.

Assim, Platão defende uma visão do bem ético como uma norma objetiva, a qual tem um sentido correto e verdadeiro da conduta humana.

E, para Platão, o que é o sumo bem?

O sumo bem, para além da sabedoria, da virtude e da convivência social justa, conduz à satisfação do ser humano, uma sabedoria que, regulando os apetites dos prazeres, leva o homem a um sentido transcendente da vida.

O bem é representado pela medida exata do cosmos da sociedade e da conduta de cada ser humano, que permite discernir uma ação boa de uma má, conforme Platão (citado por Nalini, 2012, p. 59) nos explica em sua obra *A República*:

> De todas as ideias, a Ideia do Bem é a mais valiosa, é por isto que de todas as ciências a mais nobre a ser ensinada deverá ser justamente esta, pois da Ideia do Bem dependerão todas as demais virtudes. Ainda não conhecemos suficientemente essa Ideia. Se não a conhecemos, de nada nos serve, da mesma maneira que nada possuímos, se não tivermos o Bem. De nada vale possuir qualquer coisa que seja, se ela não for boa.

O método desenvolvido por Platão, chamado de *dialética*, tem como finalidade a contraposição de intuições sucessivas até que se alcancem a depuração e a purificação o mais próximas possível da ideia essencial apreensível do mundo das ideias.

Convém registrar que Platão desenvolveu a teoria das ideias, isto é, uma realidade superior, não dependente do mundo sensível, diante da concepção do mundo inteligível, sendo este imutável e absoluto.

Assim, a ética platônica está inserta em conceitos metafísicos, porquanto o objetivo de Platão era constituir uma base inquebrantável, com conhecimento e ideias imutáveis, e essa é a razão de sua essencialidade para os conceitos epistemológicos, políticos e psicológicos.

1.2.3 A ética aristotélica: a práxis

"Se há, portanto, um fim visado em tudo o que fazemos, este fim é o bem atingível pela atividade, e se há mais de um, estes são os bens atingíveis pela atividade."

(Aristóteles, 1999, p. 23)

Aristóteles (384 a.C.-324/322 A.C.), discípulo de Platão, depois de alcançar autonomia intelectual, investiu em suas investigações e elaborou diversos estudos em várias áreas do saber, como a biologia, a filosofia e a matemática.

Figura 1.6 – Aristóteles

MidoSemsem/Shutterstock

Para o estudo da ética, é imprescindível tratar das concepções elaboradas por Aristóteles, notadamente pela contribuição para a sistematização e a formação da ciência ocidental (Oliveira, 1993).

Nesse sentido, Aristóteles desenvolveu a concepção da ética como "ciência prática", em contraposição à ética como "ciência teórica" elaborada por Platão (Oliveira, 1993).

O pensamento ético de Aristóteles foi desenvolvido nas seguintes obras: *Ética a Eudemo*, *Ética a Nicômaco*, *Política* e *Grande ética*. Todavia, a obra com maior relevo é *Ética a*

Nicômaco, tendo em vista sua influência na formação do pensamento ocidental.

O pensamento aristotélico se distingue do pensamento platônico na medida em que o primado máximo eleito por Aristóteles é o da práxis, e não o da teoria. Isto é, o pensamento deve contribuir para a própria atividade da vida humana, porquanto o fim da teoria é contribuir para a bondade da práxis humana.

Além disso, na concepção aristotélica, a finalidade da ética é colocar ordem, harmonia e hierarquia entre a realidade da ciência prática – biológica, sensitiva, intelectiva e divina – e a ciência mutável da conduta humana (Pegoraro, 2008).

Para Aristóteles, ademais, a finalidade da ética é descobrir o bem absoluto, pois o homem busca a essência e somente atinge a felicidade imperfeita. O homem só será feliz quando atingir o bem supremo. Dessa forma,

> A felicidade é, por conseguinte, o supremo bem, o bem perfeito que quase basta a si mesmo e o único capaz de nos completar. Porém, observando atentamente a vida humana, Aristóteles percebeu que cada um tinha seu próprio conceito de felicidade. Para fugir e superar o subjetivismo e também do bem universal na concepção platônica, o qual não seria o bem de nenhum sujeito, Aristóteles tem a missão de encontrar qual é a atividade própria do homem. Ora, a atividade própria do homem é a atividade racional da alma. Aristóteles acredita verdadeiramente que a excelência do homem está na vida racional. (Pegoraro, 2006, p. 47)

Portanto, o homem só pode alcançar a felicidade pelo uso da racionalidade por meio da virtude, ou seja, a prática de hábitos e disposições humanos que conduzem a um fim.

Figura 1.7 – Ação de refletir

Só será virtuoso aquele que mergulhar no desenvolvimento integral de suas faculdades, as quais são dependentes do exercício habitual. A razão, por si, não é suficiente. É preciso prática para alcançar a virtuosidade.

Figura 1.8 – Quais são as virtudes éticas?

Segundo Aristóteles, quais são as virtudes éticas?

Para Aristóteles, o exercício da virtude impede a oscilação entre excesso e falta. Assim, a virtude ética é a mediania entre dois vícios, pois estes não estão de acordo com a natureza humana.

A mediania pode ser compreendida como o equilíbrio, o justo meio, o qual é possível atingir mediante a superação do irracional, visto que a virtude ética exige do indivíduo o hábito do uso da razão, submetendo a esta seus instintos.

O exercício da virtude ética está associada ao exercício da virtude dianoética, a qual está acima das virtudes éticas, uma vez que é a virtude da razão, o que representa a parte mais elevada da alma racional. Dito isso, como elemento da virtude da razão prática, isto é, da virtude dianoética, observa-se a prudência (*phrónesis*), ao passo que a virtude da razão teorética é representada pela sabedoria teórica (*sophia*).

Portanto, o exercício da prudência está relacionada com o exercício da decisão de escolha dos meios para a ação, sendo esta uma escolha racional, tendo como orientação o desejo do bem, o que conduzirá para o melhor meio. Nesse sentido,

> Cabe, por conseguinte, à prudência levar-nos a colocar os meios para alcançarmos o fim intencionado pelo desejo que está impregnado de razão. Para agir bem é necessário, ao mesmo tempo, conhecer o objeto com verdade (virtude dianoética) e desejá-lo com retidão (virtude moral). A ação será boa quando as duas coincidirem sobre o mesmo objeto, o que conduzirá necessariamente à decisão e, pela decisão, à ação. (Nodari, 1997, p. 406)

Ainda, cabe registrar que, na obra *Ética eudêmia*, Aristóteles indica as virtudes e os vícios, indicados no quadro a seguir.

Quadro 1.1 – As virtudes e os vícios segundo Aristóteles

VIRTUDES	VÍCIOS
Mansidão	Iracúndia e impassibilidade
Coragem	Temeridade e covardia
Verecúndia	Imprudência e timidez
Indignação	Inveja e excesso oposto que não tem nome
Justiça	Ganho e perda
Temperança	Intemperança e insensibilidade
Liberalidade	Prodigalidade e avareza
Veracidade	Pretensão e autodesprezo
Amabilidade	Hostilidade e adulação
Seriedade	Complacência e soberba
Magnanimidade	Vaidade e estreiteza de alma
Magnificência	Suntuosidade e mesquinharia

Fonte: Elaborado com base em Aristóteles, 1991.

Com efeito, na concepção aristotélica, a ética, como componente da ciência da conduta humana, por ser mutável, tem como função estabelecer a ordem, a harmonia e a hierarquia para o exercício das virtudes morais.

A ética aristotélica é dividida em quatro eixos, apresentados no quadro a seguir.

Quadro 1.2 – Os quatro eixos da ética aristotélica

ÉTICA NATURAL	ÉTICA FINALISTA	ÉTICA RACIONAL	ÉTICA HETERONÔMICA
Condição biológica do ser humano, por meio de sua individualidade e sociabilidade	As ações humanas visam alcançar um fim e produzir um bem.	Responsável por impedir impulsos biológicos, instintivos e sensitivos. Isto é, submeter os instintos aos limites impostos pela razão.	A ética vem de fora, da natureza; o homem não escolhe ser ético. Ele nasce ético, porque, sendo animal inteligente, todos os seus atos são, de algum modo, deliberados, escolhidos e decididos racionalmente. As ações serão éticas quando decididas pela liberdade.

Fonte: Elaborado com base em Chaves, 2019.

Essa divisão auxilia o entendimento da ética aristotélica, na medida em que evidencia a função da racionalidade para a ética. Segundo Aristóteles, o homem nasce potencialmente ético; contudo, a condição essencial para que ele seja ético é o uso da razão, isto é, a submissão dos instintos animalescos ao uso da razão, de modo reiterado, demonstrando autocontrole racional, o que o tornará virtuoso.

1.3 A ética contemporânea: o princípio da responsabilidade por Hans Jonas

A fase contemporânea do estudo da ética tem como marco a Revolução Francesa, iniciada em 1789, momento histórico caracterizado pelas ideias iluministas, que davam prevalência à racionalidade. No entanto, após esse momento, observou-se o avanço do estudo científico, da metodologia de pesquisa, da consolidação do regime capitalista, das guerras e da disputa entre mercados. Assim, é a partir da lógica da economia e do capitalismo, o qual marca o contexto social, que a ética precisa ser tensionada e analisada.

A ética está presente em diversos âmbitos sociais – familiar, empresarial, escolar – porque é a ciência que estuda o comportamento humano e os padrões para alcançar um objetivo maior.

Muitos autores sustentam que a ética está em crise e que impera a sensação de vazio. Nesse sentido, Jacqueline Russ (1999, p. 10-11) afirma:

> Vivemos num momento em que as referências tradicionais desapareceram, em que não sabemos mais exatamente quais podem ser os fundamentos possíveis de uma teoria ética. O que é que, hoje, nos permite dizer que uma lei é justa? Nós o ignoramos. É num vazio absoluto que a ética contemporânea se cria, nesse lugar onde se apagaram as bases habituais, ontológicas, metafísicas, religiosas da ética pura ou aplicada. A crise dos fundamentos que caracteriza todo o nosso universo contemporâneo, crise visível na ciência, na filosofia ou mesmo no direito, afeta também o universo ético. Os próprios fundamentos da ética e da moral desapareceram. No momento em que as ações do homem se revelam grávidas de perigos e riscos diversos, estamos mergulhados nesse niilismo, essa relação com o 'nada', da qual Nietzsche foi, no século passado, o profeta e o clínico sem igual. O que significa niilismo? Precisamente que todas as referências ou normas da obrigação se dissipam, que os valores superiores se depreciam. O niilismo designa o fenômeno espiritual ligado à morte de Deus e dos ideais suprassensíveis. É nele que se origina a crise atual da ética.

Considerando a reflexão de Russ (1999), questionamos: A crise está na ética ou nos referenciais de comportamento adotados pela humanidade?

Sem pretendermos esgotar o tema sobre o estudo da ética, especialmente sobre a ética contemporânea e pós-moderna, tendo em vista os inúmeros estudos e autores dedicados ao tema, limitamos a exploração da ética contemporânea à ideia do princípio da responsabilidade desenvolvido pelo autor Hans Jonas.

Segundo o filósofo, a regra presente na natureza é de dano e prejuízo, observação da qual se depreende que o princípio da vida conduz ao princípio da responsabilidade. Assim, em sua obra, o autor examina a ameaça – de caráter moral e civilizatório – constante na proposta da supremacia da tecnologia moderna.

Para Hans Jonas, a vida, como fenômeno grandioso, ultrapassa a compreensão material e epistemológica. A ameaça advinda da tecnologia, que coloca em xeque dilemas atrelados não apenas à condição de existência da vida humana, demanda reflexões fundamentais relacionadas à sobrevivência da integridade, não somente física, mas, antes, da essência humana.

A concepção do autor tem dois pontos elementares: (i) a não superioridade da racionalidade técnica, isto é, não há superioridade entre a concepção do *Homo faber* e a do *Homo sapiens*; e (ii) os conceitos de cidade e de natureza se confundem, ou seja, não há distinção entre eles, por conta da aproximação promovida pela dimensão artificial.

Com a exploração dessas premissas, Hans Jonas definiu a ética contemporânea fundada no princípio da responsabilidade, aplicável em todas as dimensões (mundo animal, vegetal, mineral, biosfera e estratosfera).

Dito isso, a ética não está centrada mais no plano individual. A ordem racional exige um agir público e, portanto, uma ética atenta aos novos dilemas morais coletivos. A nova ética necessita da dimensão de alcance em razão do avanço do processo tecnológico.

Assim, o princípio da responsabilidade implica a consciência da responsabilidade pelos próprios atos e das consequências deles decorrentes. Ou seja, o ser humano é o responsável pela manutenção das condições naturais para a sobrevivência, bem como pela garantia desta para as futuras gerações. Nesse ponto, vale citar uma passagem emblemática da obra de Hans Jonas (2006, 35-37):

> O bem e o mal, com o qual o agir tinha de se preocupar, evidenciavam-se na ação, seja na própria práxis ou em seu alcance imediato, e não requeriam um planejamento de longo prazo. Essa proximidade de objetivos era válida tanto para o tempo quanto para o espaço. O alcance efetivo da ação era pequeno, o intervalo de tempo para previsão, definição de objetivo e imputabilidade era curto, e limitado o controle sobre as circunstâncias. O comportamento correto possuía seus critérios imediatos e sua consecução quase imediata. O longo trajeto das consequências ficava ao critério do acaso, do destino ou da providência. Por conseguinte, a ética tinha a ver com o aqui e agora. Todos os mandamentos e máximas da ética tradicional, fossem quais fossem suas diferenças de conteúdo, demonstravam esse confinamento ao círculo imediato da ação. "Ama o teu próximo como a ti mesmo"; "Faze aos outros o que gostarias que eles fizessem a ti"; [...] e assim por diante. Em todas essas máximas, aquele que age e o "outro" de seu agir são partícipes de um presente comum. [...] [Isso porque] o braço curto do poder humano não exigiu qualquer braço comprido do

saber, passível de predição; a pequenez de um foi tão pouco culpada quanto a do outro. Precisamente porque o bem humano, concebido em sua generalidade, é o mesmo para todas as épocas, sua realização ou violação ocorre a qualquer momento, e seu lugar completo é o presente.

Como veremos adiante, o conceito desenvolvido por Hans Jonas tem compatibilidade com a exigência da comunidade internacional – especialmente pela Agenda 2030 da Organização da Nações Unidas (ONU) – quanto à adoção de práticas sustentáveis e de preservação do ambiente, tendo em vista que os recursos naturais são finitos e as consequências pelo seu mau uso, por vezes, são irreversíveis.

Dessa maneira, o princípio da responsabilidade exige a responsabilidade pelo uso dos recursos naturais e pela reflexão sobre o uso desenfreado e sem ética da tecnologia. E a condução desses processos depende inteiramente do comportamento humano, o qual deve estar atento às demandas sociais não apenas do tempo presente, mas, essencialmente, do tempo futuro, para as próximas gerações.

Para saber mais

HOBBUS, J. (Org.). **Ética das virtudes**. Florianópolis: Ed. da UFSC, 2011.

Nessa obra, podemos aprender mais sobre o pensamento grego acerca das virtudes e a forma como podemos aplicá-las no tempo presente.

VÁZQUEZ, A. S. **Ética**. Tradução de João Dell'Anna. 23. ed. Rio de Janeiro: Civilização Brasileira, 2002.

A proposta dessa leitura é investigar como os fatores sociais e comportamentais influenciam na construção da moral.

Síntese

Apresentamos a seguir um quadro-resumo dos assuntos tratados neste capítulo, a fim de auxiliar na fixação do conteúdo.

Quadro 1.3 – Síntese do capítulo

CONCEITO DE ÉTICA				
Distinção entre ética e moral: enquanto a moral é objeto de investigação da ética, a ética é ciência, pois utiliza a metodologia e a sistematização do conhecimento para analisar, com objetividade e racionalidade, o comportamento humano.				
MÉTODO SOCRÁTICO	ÉTICA PLATÔNICA	ÉTICA ARISTOTÉLICA	ÉTICA CONTEMPORÂNEA
Principal filósofo grego, Sócrates desenvolveu o método da maiêutica, que consiste na formulação de questionamentos ao interlocutor, no intuito de conduzi-lo à verdade. Além do método socrático, o filósofo incitava a prática do autoconhecimento ("Conhece-te a ti mesmo"), uma vez que o sujeito só poderá compreender o externo depois de compreender sua condição interna, inerente à condição humana.	A ética platônica tem como base conceitos metafísicos, pois o objetivo de Platão era a concepção de base inquebrantável. Denominada *ética da transcendência*, é dividida em três eixos: (i) justiça na ordem individual e social; (ii) transcendência do bem; e (iii) virtudes humanas e ordem política. Definiu como virtudes: prudência, coragem e temperança.	É dividida em quatro eixos: ética natural, finalista, racional e heterônoma. A principal característica da ética aristotélica é a função da ética de estabelecer a ordem, a harmonia e a hierarquia para o exercício das virtudes morais. O homem nasce potencialmente ético. Todavia, para ser ético e, consequentemente, virtuoso, ele precisa praticar as virtudes com habitualidade.	Princípio da responsabilidade, concebido pelo autor Hans Jonas. Implica a consciência da responsabilidade pelos próprios atos e das consequências decorrentes destes. Ou seja, o ser humano é responsável pela manutenção das condições naturais para a sobrevivência, bem como pela garantia desta para as futuras gerações.

Questões para revisão

1) O que é ética?

2) Para Aristóteles, como o homem pode ser virtuoso?

3) (Fadesp – 2019 – Assistente Administrativo) Tanto na sociedade, em geral, como na administração pública, em particular, a ética é imprescindível e de elevadíssima importância. Neste sentido, os problemas éticos caracterizam-se pela sua generalidade e isto os distingue dos problemas morais da vida cotidiana, que são os que se nos apresentam nas situações concretas. A ética é:

   a. a ciência que cria a moral observável no comportamento das pessoas.
   b. o conjunto de atos e formas de comportamento em face de determinados problemas.
   c. uma forma específica de comportamento humano.
   d. a teoria ou ciência do comportamento moral dos homens em sociedade.

4) (Educa – 2020 – Bibliotecário) Sobre ética e moral, é correto afirmar que, EXCETO:

   a. Vem do latim ethos, que significa morada, lugar certo.
   b. Ética é a parte da filosofia que se preocupa com a reflexão a respeito das noções e princípios que fundamentam a vida moral.
   c. Moral vem do latim mos, moris, que significa o modo de proceder regulado pelo uso ou costume.

d. Moral é o conjunto de normas livres e conscientemente adotadas que visam organizar as relações das pessoas na sociedade, tendo em vista o certo e o errado.

e. A ética tem a ver com os princípios mais abrangentes e universais, enquanto a moral se refere à conduta humana.

5) (Cespe/Cebraspe – 2021 – Professor – Conhecimentos comuns) Uma das características fundamentais de uma conduta ética é a moralidade, que consiste

a. na conduta de se preocupar com os interesses do outro de forma espontânea e positiva.

b. nas virtudes, que dão origem à capacidade de distinguir o certo do errado.

c. em um conjunto de valores que conduzem o comportamento, as decisões e as ações.

d. no comportamento que torna as pessoas plenas e autênticas, visto como excelência humana.

e. nos elementos que orientam a convivência bondosa dos indivíduos entre si.

QUESTÕES PARA REFLEXÃO

1) Qual é a função da ética?
2) Por que ser ético?
3) Qual é a relação entre morte e ética?

II

Conteúdos do capítulo:

» A relação entre ética e direitos humanos.
» Existe ética na economia?
» A ética ambiental e a prática de ESG (*Environmental, Social and Governance*).
» Ética convencionada.
» Os principais dilemas éticos no ambiente corporativo.

Após o estudo deste capítulo, você será capaz de:

1. compreender a função da ética e sua influência nos direitos humanos, na economia e no ambiente corporativo;
2. identificar os fundamentos da ética e da economia por meio das contribuições de Amartya Sen;
3. discorrer sobre a ética convencionada, seus pilares fundantes e sua contribuição para o ambiente empresarial;
4. identificar os principais problemas éticos nas empresas;
5. compreender a distinção entre ética ambiental e ESG;
6. conceituar *desenvolvimento sustentável*.

Ética nas relações humanas

No primeiro capítulo deste livro, abordamos os elementos fundamentais sobre a ética, com a finalidade de subsidiar a análise acerca da influência da ética nas relações humanas.

Assim, neste segundo capítulo, analisaremos quatro pontos principais no cenário contemporâneo: ética e direitos humanos, ética e economia, ética nos negócios e, por fim, ética ambiental, ESG e responsabilidade social empresarial.

2.1 Ética e direitos humanos

Como visto no capítulo precedente, a ética se configura como um conjunto de princípios e valores que tem a função de orientar o comportamento humano nas relações que estes estabelecem entre si.

A ética, portanto, é ampla, geral e mais universal do que a moral, uma vez que esta está adstrita a determinados campos da conduta humana, enquanto aquela, em vista do método, é mais duradoura do que a moral e os costumes, os quais estão adstritos à limitação temporal, circunstancial e contextual (Souza; Rodrigues, 1994).

Para a compreensão do tema proposto neste capítulo, primeiramente trataremos da concepção de direitos humanos para, posteriormente, passarmos à análise de sua correlação com a ética.

As atrocidades decorrentes da Segunda Guerra Mundial geraram no âmbito internacional um movimento em busca da não repetição daquele cenário de completa barbárie. Em consequência, surgiu a necessidade da reconstrução dos direitos humanos como paradigma ético, com vistas à valorização da vida humana na ordem internacional contemporânea.

No ano de 1948, surgiu a Organização das Nações Unidas (ONU), com o intuito de contribuir para as relações entre os países no cenário internacional. Outro marco na história dos direitos humanos foi a Declaração Universal dos Direitos Humanos (DUDH), adotada em 1948 pela ONU, a qual confere uma ética universal fundamentada nos direitos humanos, os quais devem ser respeitados por todos os Estados, independentemente da cultura local.

Nessa linha, Piovesan (1999) assevera que a Declaração de 1948 inovou a concepção de direitos humanos ao inserir os conceitos de universalidade e de indivisibilidade, este último em referência à garantia da observância dos direitos sociais, econômicos, civis, culturais, ao passo que a universalidade está relacionada ao entendimento da extensão dos direitos a toda pessoa humana.

Neste ponto, vale mencionar que os direitos de primeira geração são aqueles entendidos como liberdades de expressão, de propriedade privada, física, assim como os direitos de defesa da pessoa acusada. A representação histórica desses direitos consta na *Declaration dês Droits de l'Homme et du Citoyen* (Declaração dos Direitos Humanos e do Cidadão), de 1789, bem como na *Virginia Bill of Rights*, de 1776.

Nessa senda, os direitos políticos, de expressão coletiva, proporcionaram a participação política dos cidadãos ao assegurar o direito ao sufrágio universal, ao plebiscito, ao referendo e, ainda, à possibilidade de formação de partidos políticos.

Já os direitos econômicos e sociais estabeleceram normativas de natureza coletiva, atinentes especialmente às relações de trabalho, à seguridade social, à educação e à habitação. Como marcos históricos, destacam-se a Constituição Mexicana de 1917 e a Constituição de 1919.

Quanto aos direitos de quarta geração, estes têm como característica o resgate da ética, na medida em que preveem a proteção ao meio ambiente, a promoção da paz e o respeito à autodeterminação dos povos.

Consequentemente, foram assinados outros tratados de direitos internacionais, como o Pacto Internacional dos Direitos Civis e Sociais de 1966 e a Convenção Americana dos Direitos Humanos de 1969.

Todavia, a existência de tais instrumentos normativos não foi suficiente – e ainda não é – para impedir a violação dos direitos neles previstos pelos próprios Estados signatários, revelando-se necessária a retomada da discussão acerca da fundamentação dos direitos humanos, a qual é dependente de suas raízes éticas, e não de sua positivação jurídica.

Nessa ordem de ideias, cumpre frisar que os direitos humanos são decorrentes de muita luta, muita construção e muitas conquistas. Em outras palavras, os direitos humanos não são um dado, muito menos uma invenção; são, sim, provenientes de uma construção histórica, sendo esse elemento indispensável para a compreensão e o alcance da exatidão dos instrumentos internacionais.

Contribui, nesse sentido, Canotilho (2002, p. 393), ao afirmar a dimensão jusnaturalista-universalista dos direitos do homem, os quais "são direitos válidos para todos os povos e em todos os tempos", visto que oriundos da própria natureza humana, decorrendo "daí o seu caráter inviolável, intemporal e universal".

Considera-se que os direitos humanos sejam princípios independentes de qualquer teoria ética. Porém, para sua concretização, inevitavelmente haverá o contato com concepções morais particulares, o que impõe o processo de interpretação.

O pluralismo ético é a chave que permite a convivência pacífica entre comunidades morais diferentes por meio da tolerância recíproca, e não da ingerência. Nesse ponto, é salutar a contribuição de Cescon (2013, p. 34):

> Os direitos humanos se apresentam, assim, como a própria legitimação do pluralismo, uma espécie de senha para entrar no clube das nações civilizadas. Muitos governos declaram à comunidade internacional proteger os direitos humanos, mas continuam violando-os. Não podem dizer que os violam. Então negam os fatos ou os justificam em nome de interesses superiores. Cada um fica fechado na sua perspectiva ético-política, mas todos declaram partilhar o respeito pela dignidade humana. Cada um pode buscar os próprios objetivos éticos, desde que declare fazê-lo para enobrecer a dignidade humana. Isso significa que os direitos humanos não são somente valores universais, mas são também uma prática da vida ético-política, um modo de perseguir os fins, um modo de interpretar tais valores fundamentais e de concretizá-los em contextos sociais diversificados.

Não é perceptível – isto é, factível – a apreensão dos direitos humanos como um catálogo ou uma lista de valores fundamentais, tendo em vista que dependem de uma prática social independente da jurisprudência.

A dificuldade em torno da ética dos direitos humanos reside no fato de que ela está atrelada a "uma moral da aspiração e da realização pessoal e não uma moral do dever ou da lei" (Cescon, 2013, p. 35). Não há definição. Há apenas "orientações, aspirações e tendências, que se expressam em forma de princípios, isto é, marcos fundamentais dos quais se começa uma caminhada" (Cescon, 2013, p. 35).

A ética dos direitos humanos é eminentemente prática e sem definição de valores morais, posto que "há apenas a percepção da inviolabilidade do sujeito, da sua dignidade e da sua sacralidade. Somente no seu desenvolvimento, a fisionomia dessa subjetividade à prova das contingências da história vai tomando forma e consistência" (Cescon, 2013, p. 38). Assim, a ética dos direitos humanos permite a administração do pluralismo, sem entregar soluções para os dilemas e deveres essenciais, visto que os próprios direitos precisam de um fundamento ulterior que repousa sobre valores ou fins fundamentais.

É possível notar que a reflexão da ética a partir da concepção dos direitos humanos passa pela compreensão do surgimento, do caráter histórico e da marca pela conquista do reconhecimento dos direitos em instrumentos internacionais.

Outrossim, convém destacar que, com o avanço da tecnologia, surgiu a necessidade de refletir sobre novas possibilidades de violações dos direitos, novos desafios decorrentes da transformação nas formas de arranjo social e da busca de indivíduos e grupos por garantias e melhores condições de vida, haja vista a incompletude da previsão de direitos humanos nos instrumentos internacionais.

Nesse panorama, o avanço da tecnologia na área da biotecnologia, sobretudo quando relacionada aos seres humanos – com a prática de pesquisas com células-tronco, terapias genéticas, clonagem etc. –, representa uma evolução na experiência da identidade humana, sendo, portanto, causa de conflito, porquanto esses novos elementos provocam mudança na compreensão do conceito de indivíduo-sociedade-espécie.

Nesse espeque, Andreola (2001, p. 30) define a ética contemporânea como a "ética das grandes urgências" e questiona:

É possível pensar uma ciência neutra com relação à ética? Ou numa dimensão mais decisiva ainda: Pode-se pensar em autonomia da ciência com relação à ética? Reconhecendo, embora, que o assunto é polêmico, eu responderia decididamente à segunda questão – ficando, por isso, respondida também a primeira – não é possível uma ciência autônoma. Ou ela é uma ciência comprometida com a vida, em todas as suas formas e dimensões, ou então não se justifica como ciência [...]. O progresso científico, fruto das magníficas descobertas e criações da inteligência humana, em si mesmo está destinado a melhorar as condições de vida dos seres humanos, individualmente, e da humanidade no seu conjunto. Mas, isso não acontece automaticamente. Os avanços da ciência levantam numerosas e graves questões éticas. Como tais questões serão respondidas, no nível da reflexão teórica e no nível da ação, é uma pergunta cuja resposta não pode ser dada pela própria ciência.

Como visto, a bioética promove reflexões filosóficas – essencialmente éticas – com a finalidade de investigar as problemáticas decorrentes do cenário conectivo e altamente tecnológico, com prevalência, sobretudo, da proteção dos direitos humanos, na qualidade de princípio basilar.

O que torna a ética dos direitos humanos tão dinâmica é o fato de ela ser uma moral decorrente da aspiração e da realização pessoal, e não uma moral derivada do dever ou da lei. Isso significa que, na origem dessa problemática, não há uma concepção definida de bem, tampouco critérios de ação bem determinados, de modo que a decisão moral consiste em identificar os próprios deveres.

2.2 Ética na economia

Como destacado anteriormente, o exame da ética exige a análise do comportamento humano, não apenas como indivíduos, mas também como sujeitos sociais. Logo, existe uma correlação direta entre ética e economia, na medida em que, no mercado econômico, no qual existe a troca de valores, também existe a possibilidade de comportamentos não éticos, oportunistas e fraudulentos que têm reflexo sobre toda a sociedade.

Figura 2.1 – Ética na economia

Irina Strelnikova/Shutterstock

Em síntese, é possível conceber que as ciências humanas têm vínculos estreitos com a ética, uma vez que o ser humano, como ser complexo e que estabelece vínculos sociais, exerce diversos papéis, seja no plano social, seja no religioso, seja no familiar, entre outros.

> **PARA REFLETIR**
>
> Propomos uma reflexão muito simples: Quando você recebe um troco além do devido, qual é a sua conduta? Devolve ou fica com o valor a mais? Qual é a representatividade desse ato na sua vida? E na vida do empresário?

Fato é que a economia impõe um ritmo próprio ao funcionamento do mercado, e os indivíduos, como agentes participantes deste, atuam com base em suas escolhas. Como elemento componente nessa engrenagem, há o comportamento humano, o qual pode ser caracterizado de duas formas: (i) identificação da racionalidade como consciência interna de escolha; e (ii) identificação da racionalidade com a maximização do autointeresse.

Cabe observar que a primeira classificação determina que as escolhas são feitas com base em um critério interno, enquanto na segunda classificação a escolha está vinculada ao aspecto externo do interesse. A pretensão dessa classificação não é avaliar a qualidade da escolha, mas indicar que a racionalidade não está vinculada ao processo de escolha, considerando-se que as motivações que inclinam o sujeito para a tomada de decisão são diversas, para além da análise restrita dos aspectos econômicos e numéricos.

A economia não reflete a análise das relações econômicas contraídas pelos homens nem consiste apenas nesta. No entanto, justamente por ser um ramo da ciência destinado ao estudo da administração de recursos e à satisfação das necessidades, ou seja, em que há ação humana, apresenta vinculação com a ética.

Assim, no âmbito da ciência econômica atual, conforme os conceitos desenvolvidos por Amartya Sen (1999), é possível a realização de uma análise a partir de uma perspectiva ética e de outra denominada *engenheira*, a qual envolve questões eminentemente de logística.

Pode-se afirmar que, a partir da economia moderna, a abordagem da ética nos estudos de natureza econômica diminuiu substancialmente, porquanto passou a desconsiderar questões éticas complexas que afetam o comportamento humano real, avaliando tais ocorrências como meros fatos, sem importância como objeto de análise.

Todavia, com os estudos de Amartya Sen (1999b), a vinculação entre a ética e a economia se torna viva e concreta. Segundo esse autor, existem duas dimensões fundamentais nas quais a ética se interliga com a economia: a primeira consiste na investigação da motivação humana, e a segunda, na análise sobre o bem-estar. Nesse sentido, de acordo com Martins (2009, p. 22),

> Algumas liberdades instrumentais identificadas por Sen como não apenas um objectivo final do desenvolvimento, mas também meios importantes para atingir o desenvolvimento são: as liberdades políticas, que implicam poder participar nas decisões da comunidade, ou escolher quem toma decisões em nome da comunidade; as facilidades económicas, que consistem na oportunidade de usar os recursos económicos para consumo, produção ou troca, e dependem das condições de troca, dos preços, do funcionamento dos mercados, do rendimento e da distribuição do rendimento (neste contexto, o mercado pode ser justificado não só pela eficiência económica que traz, mas também pelo simples facto de permitir a liberdade de troca); as oportunidades sociais, que decorrem dos arranjos da sociedade para fornecer bens e serviços sociais, como saúde ou educação, por exemplo; as garantias de transparência, que permitem a existência de confiança e cedência de informação nas relações sociais; e por fim a segurança protectora, isto é, a existência de redes de segurança social para evitar situações de pobreza extrema e adversidades imprevistas.

O objetivo dessa breve incursão não é avançar sobre conceitos específicos para uma análise da economia, mas apenas demonstrar que a vinculação existente entre a economia e a ética, no contexto atual, encontra fundamento e reflexo no comportamento ético e de combate a práticas oportunistas, como concorrência desleal, formação de cartel, prática de preços abusivos e propagandas enganosas.

A teoria da reciprocidade contribui para o desenvolvimento da consciência e da prática da responsabilidade social, no âmbito empresarial, como indutor de boas práticas. Ou seja, mesmo concebendo uma finalidade egoística, o resultado, no âmbito social, é benéfico, pois gera resultados para além do mero lucro.

Nessa perspectiva, a seguir, passamos a analisar, com enfoque na responsabilidade social, a consciência e a necessidade de práticas éticas no contexto negocial, ambiental e social, denominadas ESG.

2.3 Ética nos negócios: a ética convencionada

Correlacionada com o tema abordado no tópico precedente (ética na economia), a análise da ética nos negócios avalia os problemas práticos morais e o reflexo destes na estrutura empresarial.

Figura 2.2 – Ética nos negócios

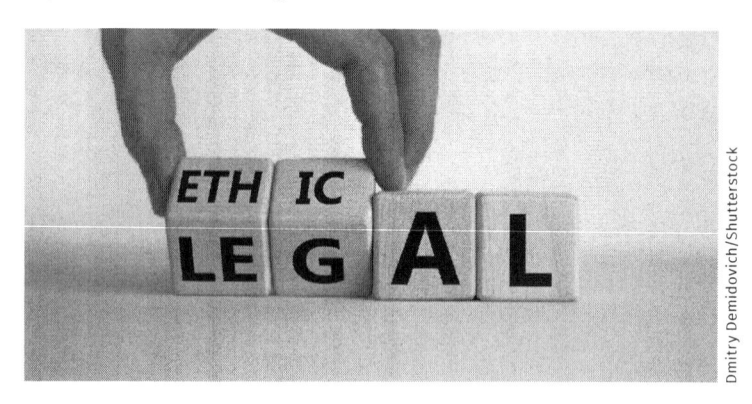

De início, cabe assinalar que não há a ilusória distinção entre comportamento ético no âmbito profissional e comportamento não ético no âmbito pessoal, pois a ética é reflexo da formação do indivíduo, ou seja, da constituição de valores orientativos do comportamento humano, como explorado no primeiro capítulo.

Os primeiros estudos sobre ética no ambiente empresarial, iniciados por volta da década de 1970, tinham como enfoque a análise da conduta ética pessoal e profissional (Arruda; Whitaker; Ramos, 2001). Nas décadas seguintes, pelos estudos da professora Laura Nash (1993), da Universidade de Harvard, o escopo da ética empresarial se ampliou, com a exploração do perfil da evolução da ética nos negócios, quais sejam: ética do cumprimento, ética da responsabilidade social e ética da informação e da tecnologia.

A primeira delas – a ética do cumprimento – teve como premissa a mudança cultural provocada pelo movimento de globalização das empresas americanas e, consequentemente, pela prática de atos corruptos. O principal marco foi a promulgação, em 1977, da Lei Americana contra Atos Corruptos no Exterior (*Foreign Corrupt Practices Act* – FCPA).

Cabe frisar que a ética do cumprimento não deixou de existir e não foi superada, pois é fundamento, inclusive, para a implementação e a existência de programas de integridade (*compliance*).

O segundo marco – a ética da responsabilidade social – surgiu na Europa, na segunda metade do século XX, após a queda do muro de Berlim e o fim do Império Soviético. Como movimento social, o objetivo era a luta por melhores condições no ambiente laboral, o que provocou, por conseguinte, reflexões e mudanças por parte das empresas, que passaram a ter como prioridade, além do lucro, práticas de responsabilidade social.

Em virtude disso, as empresas passaram a priorizar um padrão de comportamento ético para além do cumprimento da legislação, conforme descreve Srour (1998, citado por Frazão; Costa; Neves, 2007, p. 202):

> A partir da segunda metade do século XX, e graças ao funcionamento da democracia representativa, esses fatores todos desembocaram num novo sistema socioeconômico, de caráter capitalista, e esculpiram nele uma dupla lógica – a do lucro e a da responsabilidade social. No capitalismo social, a maximização dos lucros dá lugar à sua otimização e à produção de excedentes em limites socialmente compatíveis. O que isso significa? Que foi incorporado um novo termo à equação capitalista ou uma nova chave-mestra: as empresas capitalistas deixam de fixar-se apenas na função econômica (ainda que esta se mantenha determinante) e passam a orientar-se, de modo indissociável, pela função ética da responsabilidade social.

Como terceiro marco, na década de 1990, com o surgimento e a popularização da internet e das tecnologias, surgiu a ética da era informacional, sobretudo em decorrência de novas práticas fraudulentas que passaram a afetar o dinamismo das operações.

Nessa perspectiva, o papel da ética nos negócios é crucial para a atuação das empresas, especialmente para que sobrevivam, cresçam e se superem, vencendo as limitações anteriores, como oportunidade de apresentar valores adequados à realidade.

Cada vez mais o termo *compliance* – ou *programa de integridade* – está em voga. Integridade nos negócios é o que permite a uma empresa a permanência no mercado, sendo que a falta dela é causa inevitável do fracasso. Na raiz da palavra, *integridade* significa "manter junto", ou seja, refere-se à prática de ações integrativas que sejam reflexo da manutenção dos valores eleitos pela organização empresarial.

PARA REFLETIR

Em que consiste a ética nos negócios?

É a investigação das normas morais pessoais e como estas são aplicadas e, consequentemente, de seus reflexos nas atividades e objetivos da empresa.

Assim, segundo Nash (1993, p. 6), a ética empresarial incide sobre três áreas básicas: (i) nos limites do cumprimento da lei; (ii) na escolha de natureza econômica e social, isto é, os "meios tangíveis ou intangíveis pelos quais se tratam os outros, e incluem não apenas as noções morais de honestidade, palavra e justiça, mas também a de evitar danos e a da reparação voluntária dos prejuízos causados"; e (iii) na escolha em que predomina o interesse próprio.

É indispensável para a exploração do tema da ética nos negócios a teoria elaborada pela autora Laura Nash.

> **Laura Nash** é professora da faculdade de Harvard, com sólida formação humanística, o que lhe permitiu desenvolver com profundidade o estudo na área da ética nos negócios, com abrangência de aspectos filosóficos, históricos, antropológicos, sociológicos, psicológicos e econômicos.
>
> Sua principal contribuição foi a investigação sobre a conduta ética nos negócios e os efeitos da desintegração dos valores éticos no mercado. Conforme a autora, o administrador tem a responsabilidade de vigiar e perceber quais colaboradores seguem os padrões da política da empresa. Assim, os valores pessoais e a força de caráter de um administrador são fundamentais e decisivos para a operacionalização e o alcance de resultados duradouros.

Destarte, a conduta ética no ambiente empresarial não pressupõe seguir apenas um padrão de comportamento moral básico e muito menos os objetivos maiores de uma sociedade capitalista, uma vez que assumir responsabilidade ética nos negócios pressupõe, muitas vezes: (i) confiar no instinto; (ii) definir limites; (iii) definir uma filosofia de negócios; (iv) estabelecer um conjunto de padrões éticos, e não só proibições; e (v) estabelecer o objetivo da empresa.

Figura 2.3 – Ética corporativa

Rashad Ashur/Shutterstock

Dessa forma, a autora compreende que o lucro, inegavelmente relevante, não é o instrumento analítico adequado para analisar todos os aspectos que o administrador precisa considerar no processo decisório, especialmente aqueles que implicam o cumprimento da ética.

O que é ética convencionada?

O conceito de ética convencionada, termo oriundo da obra de Nash (1993), corresponde a uma combinação coerente entre motivação para o lucro e valores altruístas voltados ao desenvolvimento da confiança e da cooperação entre as pessoas. Sobre a ética convencionada, a autora explica:

> Ela tem três aspectos essenciais: 1) percebe, como objetivo primário, a criação de valor em suas muitas formas; 2) percebe o lucro e outros retornos sociais não como objetivos dominantes, mas como resultado de outras metas; 3) aborda os problemas empresariais mais em termos de relacionamentos do que de produtos tangíveis.
>
> Construída a partir dessa estrutura, uma ética convencionada enfatiza o serviço aos outros e sustenta-se deliberadamente em alguns impulsos não racionais, tais como o gostar, que asseguram o comportamento das pessoas

com organizações e tarefas, mesmo quando isso não lhes traz vantagem imediata. Como tal, essa ética difere das abordagens tradicionais não apenas em seu enfoque, mas também nos instrumentos que fazem da conduta moral uma parte ativa da administração. Os fenômenos emocionais têm estado em grande parte ausentes do vocabulário e das estruturas teóricas aplicados pelos homens e pelas mulheres de negócios aos problemas morais. A moralidade tem sido uma questão de obrigação legal, uma ponderação dos direitos, um cálculo das consequências pelo custo-benefício. Uma ética convencionada não exclui esses tipos de pensamento, mas também leva em conta o coração. (Nash, 1993, p. 36)

O modelo proposto pela autora é inovador, na medida em que não fica restrito apenas à formação do núcleo de valores, mas avança para incluir o fator motivacional ao valorar a perspectiva do senso de valor exercido pelo administrador.

Como visto no início do capítulo sobre a temática das relações humanas, estabelecer padrões éticos de modo objetivo, com regras claras e ferramentas de monitoramento, dentro da concepção corporativa é a rotina, é elementar. Todavia, apenas isso não é o suficiente para garantir a prática de comportamentos éticos.

Assim, a ética convencionada tem como fundamento o pensamento de que todos os indivíduos merecem respeito e serviço, em vez de serem merecedores apenas do retorno relacionado ao custo-benefício. Ou seja, consiste na afirmação e no reconhecimento do valor humano, mesmo dentro do contexto econômico de servir a uma entidade corporativa, porquanto é a declaração de importância do valor intrínseco dos indivíduos acima dos mecanismos de um sistema organizacional e de sua estratégia financeira preordenada.

Como ilustração, vale consignar os dilemas éticos identificados por Laura Nash, apresentados a seguir.

Dilemas éticos comuns

Não assumir a responsabilidade por práticas danosas

Fazer aliança com um parceiro questionável, mesmo que para uma boa causa

Mentir, por omissão, para os empregados pelo bem do negócio

Não cooperar com outras áreas da empresa – mentalidade do inimigo

Promover o empreendedor destrutivo que deixa para trás seus erros

Subir a escada corporativa usando os outros como degraus

Bajular a hierarquia da empresa em vez de fazer o trabalho bem-feito

Não atacar prováveis áreas de fanatismo, preconceito de sexo ou racismo

Exagerar conscientemente as vantagens de um plano para obter o apoio necessário

Não repor aquilo que se tirou do meio ambiente, dos empregados e dos bens da empresa

Tomada de decisão sobre o produto que perpetra um assunto de segurança inquestionável

Ganância

Encobrimento e deturpação de relatórios e procedimentos de controle

Justificativas enganosas sobre produtos ou serviços

Inadimplência ou fraude de termos negociados

Estabelecimento de políticas que possam levar outras pessoas a mentir para cumpri-las

Negligência da própria família ou das próprias necessidades pessoais

Excesso de confiança no próprio julgamento, pondo em risco a entidade coorporativa

Deslealdade para com a empresa assim que os tempos ficam difíceis.

Humilhação das pessoas, no trabalho ou por meio de estereótipos na propaganda

Má qualidade

Obediência cega à autoridade, não importando se ela é antiética ou injusta

Falha em denunciar a ocorrência de práticas antiéticas

Favoritismo

Acordos de preços

Supressão dos direitos básicos: liberdade de expressão, de escolha e de relacionamentos pessoais

Sacrifício do inocente e do mais fraco para que as coisas sejam feitas

Autoengrandecimento, aproveitando as obrigações da empresa

Fonte: Elaborado com base em Nash, 1993.

É possível concluir, assim, que a identificação dos comportamentos humanos com a problemática de dilemas éticos é ponto fundamental que promove o processo de conscientização e, consequentemente, a longo prazo, a mudança das práticas caracterizadas como antiéticas.

2.4 Ética ambiental: ESG e responsabilidade social empresarial

Como visto anteriormente, as decisões empresariais afetam a vida das pessoas, seja no âmbito interno – com os colaboradores –, seja no âmbito externo – com os consumidores.

Figura 2.4 – Ética ambiental

Onde há comportamento humano, há exigência de comportamento ético. Desse modo, a tomada de decisão no âmbito empresarial reflete o comportamento ético de determinada corporação. Isso é visto e valorado pelo mercado. Em razão disso, é constante a inovação na criação de certificados com a finalidade de atestar o grau de confiabilidade e de correção das condutas praticadas por determinada empresa.

O reflexo da conduta das organizações não fica mais restrito ao mercado de valores. A prática reiterada do uso dessas boas práticas é utilizada para agregar valor de mercado, como o uso das estratégias de *marketing* verde com a promessa de benefícios, tais como vantagem competitiva, redução de custos, otimização de processos, engajamento dos consumidores, educação ambiental etc.

Com efeito, as práticas de desenvolvimento sustentável e de responsabilidade social têm sido reforçadas por instituições como WBCSD e CEBDS ISE BM&FBOVESPA.

Assim, por estar intimamente correlacionada à ética nos negócios, é fundamental abordar a ética ambiental, a qual perpassa pelos conceitos de desenvolvimento sustentável, ESG – *Environmental, Social and Governance* (em português, Ambiental, Social e Governança) e responsabilidade social empresarial.

No ano de 2021, o encontro promovido pelo Fórum Econômico Mundial teve como centro de discussão o futuro do meio ambiente, dos negócios e da sociedade associado com a tendência de práticas sustentáveis, com vistas à promoção de condições melhores de vida e à preservação do que é essencial e inegociável: o meio ambiente.

Por meio da transição para o capitalismo de *stakeholders*, métricas de ESG, oportunidades de trabalho mais inclusivas – com diversidade e representatividade –, mitigação das mudanças climáticas e fortalecimento da concepção de cooperação global, a sustentabilidade se apresenta como via para a recuperação da economia no mundo (Geissdoerfer et al., 2017).

A sustentabilidade igualmente foi pauta na Conferência da ONU para Alimentação e Agricultura (FAO, 2021), no intuito de traçar a busca de soluções inovadoras e o compromisso de restituir áreas verdes, com o benefício de práticas agroalimentares eficientes, resistentes e sustentáveis, pois é irracional a prática de extração, transformação, uso e descarte dos materiais provenientes de recursos naturais finitos (Lieder; Rashid, 2016).

Portanto, a busca por soluções inovadoras, que abranjam o compromisso de preservação e reconstituição dos bens que permitem a manutenção da vida, é uma realidade que avança e demanda pesquisa e investimento, pois se trata de pauta de sobrevivência da vida humana na Terra. Práticas insustentáveis, como bem indica o termo, deixam, assim, de existir.

A via para superar os desafios hodiernos se dá por meio de propostas de projetos de sistemas circulares, com vistas a uma economia circular, sendo esta caracterizada como regenerativa e restauradora, com a finalidade de manter os recursos em uso pelo maior tempo possível (Sutherland et al., 2021).

Antes de adentrar no conceito de economia circular e sua vinculação com a produção pelo setor do agronegócio, é indispensável abordar o conceito de desenvolvimento sustentável, visto que este permeia a pesquisa como elemento estruturante.

A concepção de desenvolvimento sustentável surgiu no cenário internacional na primeira Conferência da ONU, no ano de 1972, em Estocolmo, Suécia, com o objetivo de estabelecer limites ao crescimento econômico para reduzir os impactos causados ao ecossistema a médio e longo prazos (Declaração..., 1972).

A referida conferência foi representativa, contando com a participação de 113 países e 400 organizações governamentais e não governamentais, sendo o marco inicial para a elaboração da agenda mundial com foco em políticas públicas de conservação ambiental e na necessidade de investimento em tecnologia e pesquisa para o desenvolvimento de boas práticas para redução de uso de produtos nocivos no cultivo de alimentos. Entre os temas discutidos, destacamos: (i) os impactos das mudanças climáticas sobre o meio ambiente; (ii) a qualidade da água; (iii) a incidência de desastres naturais; (iv) a redução do uso de pesticidas na agricultura; e (v) a gestão do lixo e de metais pesados descartados diretamente na natureza.

Outro marco para a compreensão do protagonismo do desenvolvimento sustentável foi o Relatório Brundtland, publicado em 1983, o qual abordou o conceito de desenvolvimento sustentável como processo que visa promover a preservação dos recursos naturais por meio do uso sustentável e inteligente, com o fito de garantir a satisfação das necessidades presentes sem, entretanto, comprometer a disponibilidade dos recursos para as gerações futuras (UN, 2020).

Foi a partir desses dois marcos históricos que o tema da sustentabilidade ganhou contornos e relevância política, o que gerou, como consequência, o incentivo para pesquisas que viabilizem ações concretas voltadas ao desenvolvimento sustentável.

No ano de 1994, foi desenvolvido por John Elkington (1998) o modelo de *Triple Bottom Line* (TBL), o qual consiste na associação de três dimensões nas organizações empresariais, quais sejam: *people, planet and profit*. Assim, estando a organização empresarial estruturada nesses três pilares (social, ambiental e econômico), a ausência de um deles causará sua insustentabilidade, sendo ainda um fator prejudicial a todas as partes que com ela tenham vínculo direto ou indireto.

Ademais, atrelada à concepção de desenvolvimento sustentável, o mesmo autor enfatizou a cooperação entre agentes das empresas privadas, governo e comunidade, com o fito comum de obter o equilíbrio entre lucratividade e sustentabilidade.

Isso significa dizer que não existe lucro por si e que a sustentabilidade, portanto, é a chave mestra que deve permear todo o processo.

Ao discorrerem sobre os mencionados pilares, Munck, Dias e Souza (2008, p. 287) indicam que, no que concerne ao pilar ambiental, o objetivo está voltado "à conservação e ao manejo dos recursos naturais", enquanto o pilar social compreende o "alcance da igualdade e a participação de todos os grupos sociais na construção e manutenção do equilíbrio do sistema pelo compartilhamento de direitos e responsabilidades".

Nessa ordem de ideias, Dyllick e Hockerts (2002) apontam que a sustentabilidade corporativa integra a noção de equilíbrio das atividades e dos processos organizacionais com visão de longo prazo, pois, ainda que o atendimento às necessidades de acionistas, funcionários, fornecedores, clientes e comunidade seja uma demanda presente, sua concretização não pode comprometer e sacrificar as gerações futuras.

Nesse compasso, no ano de 2015, durante reunião da Cúpula das Nações Unidas, foi lançada a Agenda 2030 com o intuito de orientar a realização de ações globais conjuntas para alcançar o desenvolvimento sustentável, consistente em ações direcionadas à erradicação da pobreza, à igualdade de gênero, à preservação do meio ambiente, entre outros fatores. Para tanto, a Agenda é composta de 17 Objetivos de Desenvolvimento Sustentável (ODS) e 169 metas (Pamplona et al., 2020, p. 20).

Para a compreensão do sentido dos objetivos constantes na Agenda 2030, é necessário, primeiramente, compreender o termo *desenvolvimento sustentável*. Conforme a conceituação proposta por Nascimento (2012, p. 55-56), tal termo apresenta três dimensões, a saber:

A primeira dimensão do desenvolvimento sustentável normalmente citada é a ambiental. Ela supõe que o modelo de produção e consumo seja compatível com a base material em que se assenta a economia, como subsistema do meio natural. Trata-se, portanto, de produzir e consumir de forma a garantir que os ecossistemas possam manter sua autorreparação ou capacidade de resiliência. A segunda dimensão, a econômica, supõe o aumento da eficiência da produção e do consumo com economia crescente de recursos naturais, com destaque para recursos permissivos como as fontes fósseis de energia e os recursos delicados e mal distribuídos, como a água e os minerais. Trata-se daquilo que alguns denominam como ecoeficiência, que supõe uma contínua inovação tecnológica que nos leve a sair do ciclo fóssil de energia (carvão, petróleo e gás) e a ampliar a desmaterialização da economia. A terceira e última dimensão é a social. Uma sociedade sustentável supõe que todos os cidadãos tenham o mínimo necessário para uma vida digna e que ninguém absorva bens, recursos naturais e energéticos que sejam prejudiciais a outros. Isso significa erradicar a pobreza e definir o padrão de desigualdade aceitável, delimitando limites mínimos e máximos de acesso a bens materiais. Em resumo, implantar a velha e desejável justiça social.

Nesse sentido, com a definição dos 17 ODS e das 169 metas a serem desenvolvidos, a Agenda 2030 representa o compromisso de cooperação entre os países participantes da comunidade internacional em relação a pautas sociais, ambientais e econômicas internacionais (Araújo; Machado; Ferreira, 2020).

Além disso, ao estabelecer tais metas, a Agenda 2030 promove a concretização de ações efetivas de dimensão global em uma multiplicidade de temas: erradicação da pobreza, saúde, educação, igualdade de gênero, água potável e saneamento, trabalho decente, redução das desigualdades, vida terrestre, paz, justiça, entre outros.

Cabe observar, ainda, que a Agenda 2030 apresenta uma estruturação própria, dividida em quatro partes, a saber: (i) declaração; (ii) definição dos 17 ODS e das 169 metas; (iii) formas de implementação e parcerias globais; e (iv) roteiro para acompanhamento e revisão (Lavall; Olsson, 2019).

Em sua estrutura, a Agenda 2030 tem como alicerce o princípio da responsabilidade, haja vista o reconhecimento da atribuição dos países signatários de efetivar as medidas para o alcance dos ODS, e o princípio da transparência, tendo como foco a prestação de contas das ações dos governos, com vistas a estimular a participação da sociedade no acompanhamento das ações voltadas para a conquista desses objetivos (Lavall; Olsson, 2019).

Embora a Agenda 2030 não apresente força vinculante, o elemento facilitador da boa governança possibilita o acompanhamento efetivo dos agentes envolvidos (sociedade, organizações, governos), com clareza do objetivo e da direção a ser perseguida e a possibilidade de monitoramento para sua efetivação (Sachs, 2017, p. 490).

Nessa ordem de ideias, a definição dos ODS pela ONU surtiu efeitos entre os países-membros, incluindo o Brasil, o que contribuiu para a projeção e a elaboração de ações conjuntas para alcançar o nível de desenvolvimento sustentável fundado na preservação ambiental e na ética social.

Portanto, é compreensível que o desenvolvimento pressupõe o crescimento econômico, uma vez que a implementação dos direitos fundamentais requer a circulação de riqueza, o que gera, consequentemente, o compromisso com a redistribuição dessa riqueza na sociedade.

Nesse sentido, o conceito de desenvolvimento, como defendido por Bresser-Pereira (1968, p. 15), implica reconhecer o "processo de transformação econômica, política e social, através da qual o crescimento do padrão de vida da população tende a tornar-se automático e autônomo".

Destarte, apenas o mero crescimento econômico é insuficiente para se compreender a concepção do desenvolvimento sustentável. Como indica o Relatório Brundtland (UN, 1987, p. 540), o termo *desenvolvimento sustentável* se refere ao desenvolvimento capaz de suprir as necessidades da geração atual sem comprometer a capacidade de suprimento das necessidades das próximas gerações. Isto é, prevalece o princípio da racionalidade e da responsabilidade no uso dos bens disponíveis.

Assim, a sustentabilidade está atrelada, concomitantemente, aos fatores econômico, social e ambiental. Para o autor Juarez Freitas (2012, p. 40), o desenvolvimento sustentável é entendido como o "desenvolvimento material e imaterial, socialmente inclusivo, durável, e equânime, ambientalmente limpo, inovador, ético e eficiente, no intuito de assegurar, preferencialmente de modo preventivo e precavido, no presente e no futuro, o direito ao bem-estar [...]".

O autor Celso Antonio Pacheco Fiorillo (2009, p. 27), ao comentar sobre o princípio do desenvolvimento sustentável, para ele um dos princípios basilares do direito ambiental, leciona que este

> tem por conteúdo a manutenção das bases vitais da produção e reprodução do homem e de suas atividades, garantindo igualmente uma relação satisfatória entre os homens e destes com seu ambiente, para que as futuras gerações também tenham oportunidade de desfrutar os mesmos recursos que temos hoje a nossa disposição.

Compreendida a sustentabilidade como pressuposto do desenvolvimento, tendo em vista a preservação do patrimônio cultural e ambiental, é possível correlacioná-la aos conceitos de bioeconomia e economia circular, sendo estes modelos que permitem e representam o avanço por meio do uso das tecnologias física, biológica e digital na substituição de recursos não renováveis (Stock, 2014).

O conceito de economia circular consiste em maximizar o valor dos recursos mediante o reaproveitamento por meio do sistema de integração das cadeias produtivas. Para Geissdoerfer (2017), na economia circular ocorre a minimização de emissões e do uso de energia, o que promove o estreitamento de *loops* de materiais e energia.

A otimização do processo é possível por meio do uso da tecnologia, com a digitalização cada vez mais avançada nas fábricas, principalmente pelo desenvolvimento de objetos inteligentes que permitem mudanças no sistema de produção, tornando-o ainda mais eficiente e, por consequência, mais sustentável (Bastos, 2022).

Cumpre destacar que a proposta da economia circular, como modelo sustentável e regenerativo, tem como objetivo o uso racional dos recursos por meio da reutilização, da reforma e da reciclagem, o que possibilita o alongamento da vida útil.

Em síntese, o desenvolvimento sustentável e o modelo de economia circular estão atrelados a uma ideia que vai além de sua conceituação, na medida em que a proposta é avançar na utilização de modelos mais sustentáveis, com a finalidade de alcançar: (i) ecoeficiência; (ii) redução da demanda por carbono fóssil; e (iii) valorização de resíduos.

Figura 2.5 – Desenvolvimento sustentável

Irina Strelnikova/Shutterstock

Nessa lógica de desenvolvimento sustentável, em que este é exigido pelos agentes econômicos interessados em um alto nível de competitividade, com a finalidade de contribuir para práticas econômicas sustentáveis, encontra-se o conceito expresso pela sigla ESG (*Environmental, Social and Governance*).

Na atualidade, a empresa, elementar na engrenagem de funcionamento do sistema econômico capitalista, desempenha um papel de relevância em prol do interesse coletivo, o que denota, por conseguinte, sua função social. Nesse sentido, a autora Ana Frazão (2017, p. 203) esclarece que

> a função social não tem por finalidade a aniquilação de liberdades e direitos dos empresários, vez que tais direitos não se reduzem a sua função social, mas precisam assegurar também uma zona de autonomia privada sem a qual o direito subjetivo ou a liberdade deixam de existir. Em suma, o objetivo da função social é, sem desconsiderar a autonomia privada, reinserir a solidariedade social na atividade econômica, sempre em respeito ao conteúdo mínimo dos direitos subjetivos e das liberdades individuais.

É possível, portanto, considerar a vinculação entre a função social e a responsabilidade social por meio do enfoque que se concentra no desempenho das atividades realizadas pela empresa e na forma como estas contribuem para a geração de valor não apenas de interesse individual, mas também de interesse coletivo. Contudo, é relevante registrar a distinção existente entre ambas: enquanto a função social impõe deveres cogentes, a responsabilidade social é compreendida como uma prática espontânea atrelada à ética (Frazão, 2017).

Neste ponto, cabe registrar que a distinção entre governança corporativa e responsabilidade social é complexa, pois há uma intersecção na amplitude dos resultados obtidos pelos mecanismos de gestão que contemplam práticas internas e externas (Frazão, 2017).

Assim, a responsabilidade social representa a execução dos valores da empresa e, consequentemente, o retorno do valor para aquela sociedade. Essa estratégia tem como alicerce, antes mesmo da concepção da gestão corporativa, o desempenho de um comportamento ético e responsável.

Figura 2.6 – *Environmental, Social and Governance* (ESG)

Observa-se, pois, que, com o desenvolvimento da responsabilidade social da empresa, sua reputação, ou imagem, é fortalecida, favorecendo até mesmo seu posicionamento competitivo no mercado. Portanto, a responsabilidade social figura como elemento fundamental na estratégia empresarial, agregando valor ao negócio ao incluir o interesse coletivo como componente de seu processo estruturante e decisório.

Nesse cenário, é possível considerar, na execução da responsabilidade social, isto é, em práticas efetivas, o desenvolvimento dos pilares da ESG: *Environmental, Social and Governance*.

Em evidência no cenário empresarial e valorada pelos agentes econômicos, diante do crescimento da concepção de capitalismo de *stakeholders**, a sigla ESG se apresenta não apenas como proposta, mas como efetiva implementação de mecanismos concretos para o desenvolvimento de um capitalismo sustentável, sendo este concebido como aquele em que há observância do cumprimento das obrigações nos âmbitos ambiental, social e de governança.

A pauta dos fatores de ESG tem como fundamento os Princípios para o Investimento Responsável (*Principles for Responsible Investment* – PRI), desenvolvidos com o intuito de nortear as ações de investimentos atrelados ao interesse da sociedade. Assim, a prática de gestão ESG está apoiada, essencialmente, em três pilares, quais sejam: ambiental (E, do inglês *environmental*), social (S, do inglês *social*) e governança corporativa (G, do inglês *governance*).

No pilar **ambiental**, a estruturação de ações tem como focos: biodiversidade, mudanças climáticas, energia renovável,

---

* O conceito de capitalismo das partes interessadas significa que as empresas devem ter o foco do resultado direcionado não apenas ao interesse dos acionistas, mas também ao interesse da coletividade.

eficiência energética, poluição, gestão de resíduos, esgotamento de água doce, destruição do ozônio estratosférico, uso da terra, entre outros (PRI, 2019).

No que concerne ao pilar **social**, as ações são amplas e devem ser voltadas para a construção de relações com as comunidades locais, a fim de contribuir com a geração de emprego, a distribuição de produtos de comércio justo, a observância das normativas de qualidade de saúde no trabalho, entre outros aspectos (PRI, 2019).

Quanto à **governança corporativa**, esta pode ser compreendida como o pilar estruturante dos demais pilares, porquanto inclui na estratégia de negócios da empresa a relevância da implementação das ações definidas para a atuação nos outros setores (ambiental e social). Assim, esse fundamento está vinculado à estratégia de negócios e à ética negocial, o que envolve, entre outros elementos, disciplinamento no que se refere a benefícios executivos e compensação, combate a condutas fraudulentas e corruptas, estrutura de administração, diretores independentes e gestão de riscos.

Dessa maneira, para o desenvolvimento de uma governança corporativa transparente, ética e sólida, a implementação dos programas de integridade – ou de *compliance* – representa um mecanismo de efetivação de ações determinantes para a efetivação dos objetivos propostos pelos pilares da agenda ESG.

Com efeito, a exigência de um comportamento empresarial alinhado com práticas sustentáveis – não apenas no âmbito ambiental, mas também no social – indica o fortalecimento e a valorização do comportamento ético empresarial, o que favorece a mudança de padrão de atuação dos agentes operantes no mercado.

Consultando a legislação

No ordenamento jurídico, não há uma legislação que trate especificamente de ESG (*Environmental, Social and Governance*), tendo em vista que não existe um índice ou qualquer fator indicador considerado pelo mercado.

Todavia, a prática de avaliação no mercado existe e utiliza como parâmetro para análise do valor da empresa – e, consequentemente, de seu comportamento ético perante o mercado – a existência ou não de um programa de integridade (*compliance*), o qual representa um indicativo de que a empresa tem o compromisso com práticas atinentes à responsabilidade social e de combate a atos fraudulentos e corruptos.

De todo modo, podemos citar, como ilustração, algumas legislações a serem observadas por empresas comprometidas com o desenvolvimento sustentável:

» Lei Geral de Proteção de Dados (LGPD) – Lei n. 13.709, de 14 de agosto de 2018.

» Lei do Agro – Lei n. 13.986, de 7 de abril de 2020 –, que resultou na emissão de Certificados de Recebíveis do Agronegócio (CRAs) lastreados em títulos verdes (*green bonds*).

» Lei do RenovaBio (Política Nacional de Biocombustíveis) – Lei n. 13.576, de 26 de dezembro de 2017 –, que criou os Créditos de Descarbonização (CBIO).

Síntese

O quadro a seguir sintetiza os assuntos tratados no capítulo.

Quadro 2.1 – Síntese do capítulo

Ética e direitos humanos	» A compreensão da ética e dos direitos humanos passa pela compreensão do caráter histórico, tendo como marco a Declaração Universal dos Direitos Humanos (DUDH), de 1948. » Concepção de universalidade e indivisibilidade dos direitos humanos. » Os direitos humanos refletem princípios e são independentes de qualquer teoria ética. » A ética dos direitos humanos é dinâmica por ser decorrente da aspiração e da realização pessoal, e não derivada do dever ou da lei.
Ética na economia	» A vinculação entre a ética e a economia nos estudos de Amartya Sen (1999b), segundo o qual a interligação ocorre em duas dimensões: motivação humana e bem-estar.
Ética nos negócios	» Tem como objeto de estudo os problemas práticos morais e seu reflexo dentro da estrutura empresarial. » Apresenta marcos históricos, como a aprovação, nos Estados Unidos, da Lei contra Atos Corruptos no Exterior (*Foreign Corrupt Practices Act* – FCPA). » A ética da responsabilidade social surgiu na Europa, a partir da segunda metade do século XX, com o *apartheid*, a queda do muro de Berlim e o fim do Império Soviético. » A ética nos negócios está vinculada com a concepção de ética convencionada, conceito desenvolvido por Laura Nash. » Ética convencionada é a combinação coerente entre motivação para o lucro e valores altruístas voltados ao desenvolvimento da confiança e da cooperação entre as pessoas.

(continua)

(Quadro 2.1 – conclusão)

| Ética ambiental: ESG e responsabilidade social empresarial | » A ética ambiental envolve os conceitos de desenvolvimento sustentável, ESG e responsabilidade social empresarial, na medida em que a cooperação entre os agentes de empresas privadas, do governo e da comunidade apresenta o fito comum de obter o equilíbrio entre lucratividade e sustentabilidade. Isso significa dizer que não existe lucro por si e que a sustentabilidade é a chave mestra que deve permear todo o processo.
» Para Juarez Freitas (2012, p. 41), o desenvolvimento sustentável é entendido como o "desenvolvimento material e imaterial, socialmente inclusivo, durável e equânime, ambientalmente limpo, inovador, ético e eficiente, no intuito de assegurar, preferencialmente de modo preventivo e precavido, no presente e no futuro, o direito ao bem-estar [...]".
» A prática de gestão ESG está apoiada, essencialmente, em três pilares: ambiental (E), social (S) e governança corporativa (G).
    » Pilar ambiental: segundo Munck, Dias e Souza (2008, p. 287), o objetivo está voltado à "conservação e ao manejo dos recursos naturais", enquanto o pilar social compreende o "alcance da igualdade e a participação de todos os grupos sociais na construção e manutenção do equilíbrio do sistema pelo compartilhamento de direitos e responsabilidades".
    » Pilar social: as ações são amplas e devem ser voltadas para a construção de relações com as comunidades locais, a fim de contribuir com geração de emprego, distribuição de produtos de comércio justo, observância das normativas de qualidade de saúde no trabalho, entre outros aspectos (PRI, 2019).
    » Pilar governança corporativa: este é um pilar estruturante dos demais pilares, uma vez que inclui na estratégia de negócios da empresa a relevância da implementação das ações definidas para a atuação nos outros setores (ambiental e social). Assim, esse fundamento está vinculado à estratégia de negócios e à ética negocial, envolvendo disciplina quanto a benefícios executivos e compensação, combate a condutas fraudulentas e corruptas, estrutura de administração, diretores independentes, gestão de riscos, entre outros. |

Questões para revisão

1) Qual é a correlação existente entre ética e economia?
2) O que é ética convencionada?
3) (MPE-PR – 2014 – Promotor) Assinale a alternativa **incorreta**:

   a. Aporia é a convergência entre opiniões provenientes de várias argumentações, todas igualmente concludentes em resposta a uma mesma questão que será considerada verdade, dada a uniformidade das ilações produzidas;

   b. Ética é o estudo dos juízos de apreciação referentes à conduta humana suscetível de qualificação do ponto de vista do bem e do mal, seja relativamente a determinada sociedade, seja de modo absoluto;

   c. Deontologia é o estudo ou tratado dos deveres ou das regras de natureza ética;

   d. Silogismo é a dedução formal tal que, postas duas proposições, chamadas premissas, delas se tira uma terceira, nelas logicamente implicada, chamada conclusão;

   e. Zetética é o conjunto de preceitos para resolver um problema ou investigar a razão de uma coisa.

4) (Cespe/Cebraspe – 2017 – PJC-MT – Delegado de Polícia Substituto) Pesquisas mostram que, no Brasil, ocorre, em média, um linchamento a cada dia; calcula-se que, nos últimos sessenta anos, um milhão de brasileiros participaram de atos dessa natureza. Sob a perspectiva da ética, é correto afirmar que a prática do linchamento

a. deve ser superada mediante o estabelecimento, pelo poder político, de retribuição equivalente ao ato.
b. deve ser tema de discussão de caráter educacional, com vistas à compreensão coletiva acerca de condutas sociais inadequadas.
c. é legitimada pela teoria contratualista do século XVII, que considera o impulso de vingança inerente ao ser humano.
d. é um ato eticamente aceitável: recorre-se a ele para atingir um fim legítimo, isto é, a reparação de injustiças.
e. é juridicamente legitimada, por ser um costume arraigado na cultura brasileira desde o período colonial.

5) (Cespe/Cebraspe – 2017 – PJC-MT – Delegado de Polícia Substituto) Um episódio ocorrido na Copa do Mundo de futebol de 2014 causou espanto na sociedade brasileira. Os torcedores japoneses, após uma partida de sua seleção, coletaram e ensacaram o lixo por eles produzido na arquibancada durante o jogo.

Considerando-se os fundamentos sociais da ética, a atitude dos torcedores japoneses acima descrita

a. reflete o entendimento acerca da condição humana conforme o qual o homem se reconhece como indivíduo autônomo e livre, que não necessita da sociedade.
b. remete ao modelo grego de comunidade política, segundo o qual o bem alcançado pela coletividade afeta positivamente todos os indivíduos.
c. comprova a falibilidade da vontade geral, noção proposta por Rousseau para descrever a soma das vontades particulares com vistas ao interesse comum.

d. corrobora, simbolicamente, o pensamento de Nietzsche ao questionar a moral tradicional, baseada na compaixão e no igualitarismo.
e. ratifica os pressupostos hobbesianos, segundo os quais os interesses de determinados indivíduos se sobrepõem aos interesses coletivos.

QUESTÕES PARA REFLEXÃO

1) A ética convencionada, nos termos propostos pela autora Laura Nash (1993), contribui efetivamente para estabelecer padrões éticos no ambiente corporativo?
2) O desenvolvimento sustentável depende de padrões éticos.

III

Métodos alternativos de resolução de conflitos

CONTEÚDOS DO CAPÍTULO:

» Distinção entre os métodos alternativos de resolução de disputas.
» Princípios estruturantes dos métodos alternativos de resolução de disputas.
» Modelos de códigos de ética.
» Dilemas éticos.
» Ética aplicada aos métodos alternativos de resolução de disputas.

APÓS O ESTUDO DESTE CAPÍTULO, VOCÊ SERÁ CAPAZ DE:

1. discorrer sobre os conceitos de arbitragem, conciliação e mediação;
2. identificar os princípios norteadores dos métodos alternativos de resolução de disputas;
3. compreender o modelo de conduta estipulado nos códigos de ética;
4. identificar os principais dilemas éticos em arbitragem, conciliação e mediação.

3.1 Considerações iniciais

Como nota introdutória para o estudo dos métodos alternativos de resolução de conflitos, convém consignar dois conceitos relevantes, quais sejam: autocomposição e heterocomposição.

Na autocomposição, a solução da controvérsia ocorre pela vontade das partes, sem, necessariamente, a intervenção de um terceiro. Porém, existindo um terceiro, este deve contribuir para a resolução do conflito. Cabe notar que, nessa hipótese, a contribuição do terceiro é restrita a figurar como canal de comunicação e reaproximação das partes, sem realizar qualquer tipo de julgamento ou redecisão.

Na heterocomposição, o conflito é resolvido por um terceiro sem qualquer vínculo com as partes e que, definitivamente, põe fim à controvérsia. São exemplos o exercício da função jurisdicional pelo Estado-juiz e a arbitragem.

Cumpre registrar que as formas de solução de conflitos nomeadas de *métodos alternativos de resolução de conflitos* (*Alternative Dispute Resolution* – ADR) indicam que o procedimento adotado afasta a intervenção de um juiz para oferecer solução a determinado conflito (Barrett; Barrett, 2004).

Barrett e Barrett (2004), ao discorrerem sobre a evolução dos meios alternativos de solução de conflitos, apontam que o primeiro registro é datado de 1800 a.C., quando o Reino de Mari (atual Síria) fez uso da mediação e da arbitragem na disputa com outros reinos. Em momento posterior, há também registro do uso do método pelos fenícios, pelos antigos egípcios e pelos gregos. No início da época contemporânea, há registro de sua utilização na Europa, por Benjamin Franklin, John Adams e Thomas Jefferson.

Conforme indica o título deste capítulo, os métodos alternativos de resolução de conflitos são a arbitragem, a conciliação e a mediação, cada um dos quais apresenta riscos, custos e determinado resultado, considerando-se a limitação de atuação e a produção de efeitos na relação entre as partes.

A denominação *meios alternativos de resolução de conflitos* denota que tais meios são utilizados a partir da concepção de um modelo de sistema de justiça multiportas, pois, a depender do tipo de controvérsia, há um modo para alcançar a melhor solução.

Quando da inserção dos meios alternativos de resolução de conflitos, ainda no início do século XX, prevalecia o protagonismo do Judiciário na gestão e na condução da mediação, da conciliação e da arbitragem. Nesse período, o magistrado conduzia a sessão de mediação ou conciliação ou, ainda, encaminhava as partes à arbitragem.

Tendo em vista o avanço das pesquisas, com técnicas aplicáveis e investimento na formação de profissionais especializados, a aplicação desses meios de resolução de conflitos não está mais restrita ao âmbito judicial, sendo opção no âmbito extrajudicial para alguns casos. Assim, temos as possibilidades apresentadas no quadro a seguir.

Quadro 3.1 – Meios alternativos de resolução de conflitos

MEDIAÇÃO E CONCILIAÇÃO EXTRAJUDICIAL
Nesta hipótese, a sessão de mediação ou conciliação ocorre em local externo (câmara de mediação ou conciliação), e as partes escolhem o mediador ou o conciliador responsável pela condução.
MEDIAÇÃO E CONCILIAÇÃO JUDICIAL
Neste caso, com a propositura da ação, seguindo o procedimento previsto no Código de Processo Civil – CPC (Lei n. 13.105/2015), o processo é encaminhado para o mediador indicado pelo juiz. Sem acordo, o processo prossegue. Já a conciliação judicial pode ocorrer em qualquer momento do processo, como meio de alcançar solução para a demanda.
ARBITRAGEM
Diferentemente da mediação e da conciliação, a arbitragem ocorre apenas no âmbito extrajudicial. Portanto, não há possibilidade de arbitragem judicial, pois o processo arbitral tem legislação própria, o que garante ao árbitro autonomia e independência no exercício de sua função. A arbitragem ocorre no âmbito da câmara arbitral escolhida pelas partes no momento da elaboração da cláusula arbitral. No momento da sessão, as partes escolhem o árbitro.

Na sociedade atual, com o dinamismo implacável imposto pela atividade econômica, cada vez mais tecnológica e ágil, é crescente a demanda por soluções rápidas com taxa satisfatória de aproveitamento, isto é, com resultado.

É nesse contexto que se fortalecem novos estímulos tendentes à redução da cultura da litigiosidade e a adoção crescente de métodos alternativos de resolução de conflitos, mormente considerando as vantagens agregadas.

Ora, é de conhecimento notório que a prestação jurisdicional não é célere. O problema da ineficiência do Judiciário não está adstrito apenas à falta de estrutura, razão pela qual o problema da morosidade da justiça deve ser enfrentado sob vários aspectos.

Segundo dados do Conselho Nacional de Justiça (CNJ, 2023b), o custo do Poder Judiciário brasileiro é bastante elevado, uma vez que representa 1,2% do Produto Interno Bruto (PIB) do país. Tais dados indicam que o Judiciário brasileiro tem uma estrutura relevante instalada. Por outro lado, no ano de 2022, o estoque de processos cresceu em 1,8 milhão, tendo em vista que apenas no ano de 2022 foram propostos 31,5 milhões de processos.

O acréscimo de demanda é reflexo do acesso do cidadão à informação e do aumento progressivo do acesso deste à justiça. Ainda, para Sadek (2004), o aumento dos processos judiciais guarda relação com as taxas de industrialização e urbanização, porquanto tais fatores sobrelevam a taxa de conflitos e a probabilidade de que estes se convertam em demandas judiciais.

A explicação é que, a partir da década de 1930, com a transformação estrutural de uma sociedade predominantemente agrária e rural para uma estrutura industrial e urbana, os indivíduos passaram a ter acesso à informação e, como consequência, houve uma conscientização acerca de direitos. Para Sadek (2004), o aumento da demanda judicial apresenta-se como um ponto positivo, na medida em que indica incremento do setor produtivo e de consciência da população; contudo, é causa do excesso de litigiosidade e, consequentemente, da morosidade na entrega da prestação jurisdicional, haja vista a escassez de recursos humanos e materiais do Poder Judiciário (Luchiari, 2012).

Segundo Fredie Didier Jr. (2016), o Código de Processo Civil (CPC) – Lei n. 13.105, de 16 de março de 2015 (Brasil, 2015a) – introduziu um princípio novo ao sistema processual: o **princípio do autorregramento das partes**, em oposição ao paternalismo do Código anterior, que tratava todos como se houvesse uma curatela geral, em que as partes não podem resolver-se por si mesmas. Para o referido autor,

O autorregramento da vontade se define como um complexo de poderes que podem ser exercidos pelos sujeitos de direito, em níveis de amplitude variada, de acordo com o ordenamento jurídico. Do exercício deste poder, concretizado nos atos negociais, resultam, após a incidência da norma jurídica, situações jurídicas (gênero do qual as relações jurídicas são espécies). (Didier Jr., 2015, p. 168)

Esse princípio revela a negação ao regramento preestabelecido pela legislação, bem como uma consequente diminuição do empoderamento do magistrado.

Com efeito, é primordial para a efetividade do acesso à justiça e também para o desenvolvimento econômico – este extremamente dependente do estabelecimento de relações de confiança – o incremento na adoção dos métodos alternativos de solução de conflitos, porquanto ultrapassa os serviços processuais tradicionais e passa a utilizar mecanismos consensuais e efetivos (Watanabe, 2011).

3.2 Arbitragem

Como visto na seção anterior, a arbitragem é um método alternativo de resolução de conflitos no qual as partes, de forma consensual, elegem um terceiro imparcial – denominado *árbitro* ou, ainda, *tribunal arbitral* – para solucionar a controvérsia estabelecida (Zavolski; Pavelski, 2018, p. 2).

Em linhas gerais, a arbitragem promove a autonomia do indivíduo, o qual tem a liberdade de escolha da câmara arbitral, bem como da escolha do árbitro. Assim, esse método alternativo de resolução de disputas amplia o acesso à justiça, suprindo as exigências da sociedade atual, sobressaindo-se como meio ágil e eficaz na solução dos conflitos e distanciando-se da pouca efetividade da tutela prestada pelo Estado (Condado, 2008; Zavolski; Pavelski, 2018).

Figura 3.1 – Arbitragem

Teguh Jati Prasetyo/Shutterstock

Em outras palavras, a arbitragem pode ser entendida como "um meio adequado para a solução de determinados casos, dadas as características peculiares de certas disputas" (Cahali, 2017, p. 34-35), considerando-se a especificidade na formação dos árbitros e das câmaras arbitrais, aspecto que garante maior confiabilidade no caso das decisões (Zavolski; Pavelski, 2018).

Essa definição é complementada por Zimmermann (2014), ao afirmar que a arbitragem é um rito processual internacional, tendo em vista que as regras basilares são iguais em todo o mundo (Lei Modelo da Uncitral – *United Nations Commission on International Trade Law*, ou Comissão das Nações Unidas para o Direito do Comércio Internacional).

A arbitragem representa, pois, um instituto de solução de conflitos autônomo e independente da jurisdição estatal, porém sujeita ao direito interno ou ao direito internacional, ou, ainda, a ambos (Obrzut Neto, 2017, p. 156).

No que se refere à legislação interna, há o convencionamento das partes pela adoção de cláusula compromissória, ou seja, a submissão de eventual conflito à arbitragem. Como resultado, o árbitro eleito proferirá uma sentença arbitral, a qual detém a mesma eficácia de uma sentença judicial, sendo reputada, portanto, como título executivo judicial. Vale destacar que esse é um elemento distintivo da arbitragem em comparação com outros métodos de resolução de conflitos, uma vez que, seja na mediação, seja na conciliação, o resultado da sessão não será uma sentença, e sim um termo de acordo, o qual deverá ser chancelado pelo juízo competente.

Por oportuno, convém consignar que o procedimento arbitral detém a máxima confiabilidade, sobretudo pela disciplina constante na Lei de Arbitragem – Lei n. 9.307, de 23 de setembro de 1996 (Brasil, 1996) –, a qual estabelece as limitações de atuação dos árbitros, além das garantias processuais para as partes participantes, com observância dos direitos fundamentais, notadamente do devido processo legal e da ampla defesa, bem como prevê a possibilidade de anulação da sentença arbitral em determinadas hipóteses que serão analisadas adiante.

3.3 Conciliação e mediação

No processo de conciliação, a sessão é conduzida por um conciliador, quando extrajudicial, escolhido pelas partes; quando judicial, a indicação é feita pelo juiz, o qual tem como função promover a orientação das partes sobre o conflito estabelecido, com o fito de contribuir, em alguma medida, para o possível ajuste e a resolução do conflito.

Figura 3.2 – Conciliação e mediação

Vectorium/Shutterstock

Nesse sentido, é esclarecedora a definição do CNJ (2023a):

> Conciliação é um meio alternativo de resolução de conflitos em que as partes confiam a uma terceira pessoa (neutra), o conciliador, a função de aproximá-las e orientá-las na construção de um acordo. O conciliador é uma pessoa da sociedade que atua, de forma voluntária e após treinamento específico, como facilitador do acordo entre os envolvidos, criando um contexto propício ao entendimento mútuo, à aproximação de interesses e à harmonização das relações.

Cabe notar que a natureza da conciliação é de autocomposição, havendo uma atuação ativa do terceiro facilitador (conciliador) no diálogo entre as partes, com apontamento, inclusive, das possibilidades para a solução do conflito (Gonçalves; Goulart, 2020).

A diferença entre a mediação e a conciliação reside no poder de atuação do terceiro, haja vista que, diferentemente do conciliador, o mediador atua para melhorar a comunicação entre as partes envolvidas. Nesse sentido, a atuação do mediador é centrada na aproximação e na comunicação entre as partes, com o intuito de estabelecer uma interação construtiva para então formalizar acordos justos e atender às necessidades das partes.

Importante esclarecer que a mediação não é imposta. A partir do momento em que existe a inclinação das partes, isto é, a vontade, a mediação tem lugar.

A Lei de Mediação – Lei n. 13.140, de 26 de junho de 2015 –, que dispõe sobre a mediação no direito interno, indica, em seu art. 1º: "Esta Lei dispõe sobre a mediação como meio de solução de controvérsias entre particulares e sobre a autocomposição de conflitos no âmbito da administração pública" (Brasil, 2015b).

No parágrafo único desse artigo, é definido o papel do mediador, nos seguintes termos:

> Art. 1º [...]
>
> Parágrafo único. Considera-se mediação a atividade técnica exercida por terceiro imparcial sem poder decisório, que, escolhido ou aceito pelas partes, as auxilia e estimula a identificar ou desenvolver soluções consensuais para a controvérsia. (Brasil, 2015b)

Complementam essa definição as lições de Ramos et al. (2016) acerca do caráter voluntário, econômico e consensual que possibilita a manutenção do vínculo pelo estímulo de alternativas criativas para a solução do conflito. Desse modo, entende-se a mediação como processo conversacional, no qual não há prevalência de uma das partes (concepção de ganhador e perdedor), porquanto a característica fundamental da mediação – a pacificação do conflito – promove a equidade na disputa.

Na mesma linha, Sales e Chaves (2014) asseveram que a mediação, como um mecanismo consensual, confere às partes o poder de decisão pela aplicação de técnicas específicas para compreender o conflito de forma profunda, fator que permite sua identificação real e as possíveis soluções, o que gera, via de consequência, um resultado satisfatório para as partes.

Cumpre assinalar que, na mediação, diferentemente do que ocorre na conciliação – em que é permitida uma atuação direta do conciliador, que pode sugerir alternativas viáveis para a resolução do conflito –, impera a imparcialidade do mediador, o qual não pode manifestar posicionamento sobre a matéria, tendo como incumbência apenas conduzir as partes na construção de uma solução equânime da disputa (Ramos et al., 2016).

Dessa forma, o mediador não pode opinar nem sugerir. O intento da mediação é tão somente restabelecer a comunicação entre as partes. Para tanto, o mediador utiliza técnicas voltadas ao comportamento humano, com a finalidade de promover um ambiente propício para a cooperação e a credibilidade na construção da decisão feita pelas partes. Podem participar da mediação profissionais especializados em outras áreas que envolvam a controvérsia, com a finalidade de facilitar a construção de uma solução interdisciplinar por meio da complementaridade do conhecimento.

Acrescenta-se, ainda, que a mediação deve ocorrer, por imperativo de dispositivo legal, de forma sigilosa e, conforme apontam Ramos et al. (2016), apenas os conflitos referentes aos direitos patrimoniais disponíveis ou relativamente disponíveis podem ser resolvidos por meio de método alternativo, haja vista a indispensabilidade de homologação do acordo extrajudicial pelo juiz. Assim, a mediação é recomendada para solucionar conflitos com multiplicidade de vínculos – familiares, vizinhança, comerciais, trabalhistas, entre outros.

Vale destacar que a escolha pelas partes de um método alternativo de resolução de conflitos prestigia seu poder dispositivo e a autonomia da vontade, com os benefícios agregados da celeridade e da redução de custos.

As distinções entre os métodos alternativos de resolução de conflitos autocompositivos são apresentadas no quadro a seguir.

Quadro 3.2 – Conciliação e mediação

	CONCILIAÇÃO	MEDIAÇÃO
NATUREZA JURÍDICA	Autocomposição	Autocomposição
CARACTERÍSTICAS	O conciliador participa de modo ativo, com a construção da comunicação das partes e, ainda, com o poder opinativo, isto é, pode influenciar no compromisso entre os participantes por meio de sugestões de possibilidades para a resolução do conflito.	O mediador tem como função restabelecer o canal de comunicação entre as partes. Não pode sugerir ou opinar com propostas para solucionar o conflito.

Em suma, na conciliação, depois de ouvir os contendores, o conciliador pode propor opções viáveis para a solução consensual do litígio, ao passo que, na mediação, o mediador fica restrito ao trabalho para auxiliar e estimular as partes para que identifiquem ou desenvolvam soluções consensuais para a controvérsia (Grinover, 2015).

Portanto, na mediação, as partes encontram a solução para o conflito sozinhas e, de forma voluntária, realizam o acordo, tendo em vista que a interferência do mediador é para manter o equilíbrio, com o restabelecimento da comunicação entre as partes, as quais tinham uma relação anterior ao conflito que necessita ser preservada (Silva; Spengler, 2013). Por sua característica, essa metodologia é recomendada para solucionar conflitos na área de direito de família, por exemplo.

Vale pontuar que a conciliação e a mediação podem ocorrer tanto no âmbito extrajudicial quanto no judicial. Sendo extrajudicial, o procedimento deve observar os requisitos legais constantes nos arts. 21 a 23 da Lei de Mediação (Lei n. 13.140/2015).

É necessário ressaltar que o mediador extrajudicial deve ser uma pessoa capaz, com capacidade técnica e que detenha a confiança das partes, sendo dispensável a integração a qualquer tipo de conselho. Nesse ponto, Tânia Lobo Muniz (2009) acrescenta que o indivíduo deve ter perfil para ser mediador, uma vez que não é suficiente conhecimento técnico:

> Daí decorre a importância de se adequar os processos de formação e seleção de mediadores na busca daqueles que tenham o perfil do mediador. [...] O melhor profissional tem a alma de um humanista, a mente de um estrategista e o coração de um negociador, oprimido pela fraude, somente para lhe dar a justa medida. (Muniz, T. L., 2009, p. 110-111)

Portanto, conforme assinala Tânia Lobo Muniz (2009, p. 111), é indispensável que o mediador tenha perfil para que sua atuação contribua para a mudança da cultura adversarial. Assim, a autora indica como características do mediador profissional:

» confiabilidade;
» imparcialidade;
» paciência;
» tenacidade;
» conhecimento técnico;
» capacidade;
» habilidade de comunicação;

» flexibilidade.

Ainda, conforme preceitua o art. 11 da Lei n. 13.140/2015, no caso de mediação judicial, esta é realizada nos Centros Judiciários de Solução de Conflitos e Cidadania dos Tribunais. Para atuar como mediador judicial, exige-se a formação em curso superior há pelo menos 2 anos e capacitação por curso teórico e prático com carga horária mínima de 40 horas/aula, com estágio de 60 até 100 horas, em instituição com reconhecimento pela formação na área (Brasil, 2015b).

Convém enfatizar que os meios alternativos de solução de conflitos privilegiam a participação das partes de modo democrático, promovendo, ainda, o senso de responsabilidade e autonomia dos envolvidos sobre as decisões adotadas durante a sessão, o que prestigia a democracia, a igualdade de tratamento, a solidariedade e a prevenção de novos litígios (Cintra; Grinover; Dinamarco, 2013).

Desse modo, esses meios democráticos de solução de conflitos promovem a mudança da cultura do litígio por meio da disponibilidade e da celeridade, com resultado proveitoso, o que contribui, gradativamente, para a redução do alto nível de litigiosidade (Sampaio Júnior, 2011).

Com efeito, a alta taxa de congestionamento e o alto nível de litigiosidade comprometem a confiabilidade e a crise no Judiciário. Nesse contexto, os meios alternativos de resolução de conflitos revelam-se como uma via de melhoria de acesso à justiça, contribuindo para a redução da quantidade de processos que chegam para julgamento (Gabbay, 2011).

Contudo, a visão não pode ser restrita à perspectiva de desafogar o Poder Judiciário pela redução de número de processos. É preciso privilegiar a conscientização da opção pela conciliação, pela mediação ou, ainda, pela arbitragem como uma escolha real de solução de conflitos, isto é, compreender na essência os benefícios proporcionados pelo cenário de cooperação, que permite o avanço no desenvolvimento de técnicas que propiciam resultados satisfatórios para as partes envolvidas.

Essa linha de raciocínio, como explorado alhures, está alinhada até mesmo com a demanda do mercado, o qual impulsiona, cada vez mais, soluções com rapidez e taxa de retorno, o que estimula, consequentemente, o comportamento dos agentes, que passarão a adotar tais modelos como primeira opção para a resolução de eventuais conflitos.

Para o desenvolvimento e o aumento da adoção dos métodos alternativos, principalmente em vista de bons resultados, é indispensável a capacitação de mediadores e conciliadores, com estímulo ao uso de técnicas que promovam o desenvolvimento ou a manifestação de criatividade pelas partes envolvidas no conflito.

Esses profissionais devem, ainda, dominar o conhecimento sobre o comportamento humano, especialmente de leitura corporal, bem como promover, oportunamente, o questionamento a partir da perspectiva pessoal das partes a respeito de sua realidade e de sua visão de mundo, sem, porém, direcioná-las para determinadas soluções. A proposta é a aproximação necessária para a boa condução das atividades, pois o que deve imperar é a manutenção do estado de imparcialidade para não comprometer o resultado final.

Devem, ainda, atentar para a equidade de participação dos mediados e a equidistância objetiva e subjetiva, isto é, não ser tendencioso com relação aos temas e aos participantes da sessão de mediação. Portanto, a capacitação em mediação de conflitos deve considerar tanto os elementos externos e comportamentais quanto o âmbito teórico.

Assim, é indispensável o treinamento teórico e prático supervisionado, com a finalidade de promover a ampliação da escuta, a conscientização sobre o momento oportuno para a intervenção e o questionamento.

A formação passa, igualmente, pela compreensão e pela identificação do estabelecimento apropriado da equidistância para se manter imparcial ao longo de todo o processo, especialmente nas situações emocionais complexas ou nas situações em que, eventualmente, ocorra identificação com as partes. Na ocorrência dessa hipótese, a recomendação é que o mediador decline do processo, enviando-o para outro mediador, sob pena de comprometer o resultado da mediação iniciada.

Além do desenvolvimento das competências de natureza técnica, devem o mediador e o conciliador observar a previsão legal que disciplina a profissão, especialmente os princípios éticos, previstos no art. 1º do Anexo III do Código de Ética de Conciliadores e Mediadores Judiciais – Resolução n. 125, de 29 de novembro de 2010 (CNJ, 2010), do CNJ –; os princípios procedimentais, estabelecidos no art. 166 do CPC (Lei n. 13.105/2015); e os princípios legais fixados no art. 2º da Lei de Mediação (Lei n. 13.140/2015).

3.3.1 Da comunicação e da negociação ética

A atuação nos métodos alternativos de resolução de conflitos exige do profissional o domínio do conhecimento sobre comunicação e técnicas de negociação, pois a figura do terceiro alheio ao conflito precisa ser tencionada a alcançar um final satisfatório para as partes. É, pois, indispensável desenvolver as chamadas *soft skills*, o que significa compreender e desenvolver as habilidades relacionadas à inteligência emocional, contribuindo para a criação de soluções eficientes e a interação entre os sujeitos envolvidos.

Figura 3.3 – A comunicação na negociação

Entre as competências necessárias relacionadas ao comportamento humano (*soft skills*), destacam-se: a empatia, a escuta ativa, a comunicação e a linguagem não alienante (não violenta, ou construtiva), a cooperação e a criatividade.

A empatia está atrelada ao desenvolvimento da consciência social, abrangendo a capacidade de compreender sentimentos e necessidades dos sujeitos. Ou seja, significa o desenvolvimento da noção de se colocar no lugar do outro, com a capacidade de apreender o sentimento, as emoções e a perspectiva da outra pessoa, além da habilidade de articular os aspectos cognitivo, afetivo e comportamental. É, portanto, uma habilidade que possibilita a construção de relacionamentos e de credibilidade em qualquer interação, por meio da validação do sentimento da pessoa sobre as questões abordadas durante o diálogo ou a sessão.

O desenvolvimento da empatia está atrelado à segunda competência indispensável: a escuta ativa. Embora não pareça, a escuta ativa não é a mesma coisa que o ato de ouvir. A realidade é que muitos ouvem, mas poucos escutam.

Figura 3.4 – A relevância da escuta para a negociação

A habilidade de escutar é um ato mais amplo do que simplesmente ouvir, visto que implica atenção, sensibilidade e reflexão sobre o não dito, pois não se resume apenas ao conteúdo do que é dito. Cabe especialmente ao mediador, durante a sessão de mediação, identificar determinadas mensagens emitidas pelas partes, principalmente as não verbais, porque o sujeito pode ter dificuldade na comunicação verbal ou, ainda, optar por não falar. Todavia, a todo momento, o sujeito continua emitindo mensagens sobre si e sobre os demais por meio de sinais corporais.

As mensagens não verbais têm várias funções, como enfatizar, contradizer ou, ainda, substituir as palavras. Logo, a escuta ativa ocorre quando o sujeito mantém uma postura corporal indicativa de interesse e incentivo à pessoa que fala. Nesse processo, o contato visual e sem interrupção do interlocutor permite estabelecer um bom diálogo.

Necessário reiterar que, para ocorrer a escuta ativa, é indispensável conferir importância ao interlocutor, pois é desse modo que o sujeito percebe que é merecedor de atenção e respeito.

Ainda, vale acrescentar que podem ocorrer falhas quando surge um conflito entre as partes sobre o conteúdo do que é dito, ou seja, entre o que uma pessoa fala (ou quer expor) e o que a outra escuta (interpreta). Tal cenário exige do terceiro facilitador (mediador, conciliador e árbitro) o auxílio às partes no processo de compreensão. Na comunicação durante a sessão de mediação, devem ser aplicadas técnicas para clareamento da linguagem não explícita, para o entendimento de emoções e de personalidades, de modo a promover a compreensão recíproca na troca das informações.

Vale consignar que o padrão usual de comunicação entre as pessoas é violento, precisamente pela falta de clareza na exposição do pedido e do sentimento por vezes envolvido. Isso prejudica a funcionalidade da comunicação e causa o desentendimento em torno de uma ideia, gerando tensão e, consequentemente, mais falhas na comunicação.

Destarte, é indispensável, especialmente para o mediador, aplicar a técnica da comunicação não violenta (desenvolvida por Marshall B. Rosenberg) durante a sessão, uma vez que a boa comunicação é o ferramental que permite a construção da confiança e da colaboração entre as partes durante a mediação do conflito, o que possibilitará alcançar um resultado satisfatório ao final da sessão.

Neste ponto, convém conceituar o que é **comunicação não violenta** de acordo com Rosenberg (2006, p. 21-22):

> A CNV [comunicação não violenta] nos ajuda a reformular a maneira pela qual nos expressamos e ouvimos os outros. Nossas palavras, em vez de serem reações repetitivas e automáticas, tornam-se respostas conscientes, firmemente baseadas na consciência do que estamos percebendo, sentindo e desejando. Somos levados a nos expressar com honestidade e clareza, ao mesmo tempo que damos aos outros uma atenção respeitosa e empática.

Por meio da metodologia proposta pela comunicação não violenta, busca-se uma conexão empática com os interlocutores, baseada em competências de linguagem e comunicação e estímulos comunicacionais respeitosos e atenciosos, os quais auxiliam na reestruturação da forma como cada indivíduo se expressa e escuta os demais.

A técnica da comunicação não violenta apresenta dois princípios basilares, quais sejam: "expressar-se honestamente e receber com empatia" (Beserra, 2022, p. 135). Para que isso ocorra, é preciso compreender e aplicar quatro componentes, listados no quadro a seguir.

Os quatro componentes da comunicação não violenta

- » Observar os fatos sem julgamento.
- » Identificar o sentimento por meio da observação.
- » Reconhecer a necessidade que gera o sentimento.
- » Elaborar o pedido concreto.

Fonte: Elaborado com base em Rosenberg, 2006.

Com a aplicação da técnica da comunicação não violenta, a expressão da vulnerabilidade pelos sujeitos envolvidos na sessão auxilia na redução do nível de tensão, porque sentimentos tais como frustração, raiva e vergonha, expressos por meio da fala, são estabilizados e deixam de ser obstáculo para a resolução do conflito.

Nessa perspectiva, a técnica da comunicação não violenta contribui para as partes expressarem seus sentimentos, sendo fator de relevância, inclusive, para o momento seguinte – a negociação. De acordo com Humberto Chiesi Filho (2019, p. 57),

> A negociação é o aspecto central dentro dos métodos autocompositivos, já que a conciliação e a mediação representam meios para viabilizar e assistir uma negociação, tendo em vista que quando há a presença de terceiros (conciliadores e mediadores), estes não têm o papel e tampouco o poder de decidir.

Estabelecer uma boa comunicação, com atenção aos princípios orientadores da mediação, é fundamental para a equalização das emoções das partes e, consequentemente, para o progresso da negociação, sem inclinação para uma das partes ou outra percepção capaz de comprometer o resultado perseguido.

A negociação é o momento da sessão de mediação ou conciliação que tem como objetivo maximizar os interesses das partes envolvidas e celebrar um acordo satisfatório. Assim, durante o processo de negociação, algumas características devem ser identificadas, quais sejam: (i) o grau de reconhecimento da legitimidade da parte contrária; (ii) a interdependência entre interesses e posições; e (iii) a direção das intenções e da vontade para a celebração do acordo.

Ainda, cumpre pontuar as duas formas de negociação: distributiva e integrativa.

No modelo **distributivo**, pela ausência de conciliação dos interesses das partes, a negociação é baseada na concepção perde e ganha, ou seja, uma das partes ganha às custas da outra. Dessa forma, o intento do negociador distributivo é preservar o vínculo de relacionamento das partes em determinadas circunstâncias.

Figura 3.5 – Clareza na comunicação

Esse tipo de negociação ocorre quando existe uma oposição de interesses que dificulta a realização do acordo. Nesse contexto, uma das partes é instada a ceder. A parte mais fraca, ao observar manipulação ou outro viés negativo, pode adotar o comportamento distributivo, com a finalidade de "conduzir a parte contrária a compor com ela para evitar hostilidades abertas e declaradas" (Schiesari, 1996, p. 8).

Cabe frisar que, no modelo distributivo, impera a competitividade, o que não é benéfico e impossibilita a solução do problema de maneira criativa e com resultado satisfatório.

Outro modelo de negociação é o **integrativo**, no qual todos os integrantes participam com a finalidade de solucionar o conflito com o melhor acordo possível. Nesse modelo, há respeito entre todos os atuantes, com preservação do relacionamento, tendentes e orientados às solidariedades recíprocas, sem antagonismos. Logo, é por meio da negociação integrativa que se pode estabelecer um ambiente de confiança, reciprocidade e credibilidade mútuas.

Necessário destacar que a área de negociação é frequentemente mista, haja vista que há fases de evolução do conflito, iniciando-se pela fase de embate e evoluindo-se posteriormente – desde que a personalidade dos negociadores e o ambiente sejam favoráveis – para o acordo de vontade das partes.

Por oportuno, relevante salientar que as soluções integrativas são adequadas aos métodos alternativos de resolução de conflitos, especialmente para a conciliação e a mediação, na medida em que valorizam a percepção e a participação dos sujeitos no processo de construção da solução satisfatória para o conflito estabelecido.

3.4 Princípios norteadores da arbitragem

No âmbito do exercício da prática forense – o que inclui a atividade do árbitro, do conciliador e do mediador –, os princípios e as regras, também denominados *deontologia profissional*, disciplinam os comportamentos dos agentes.

Neste ponto, convém esclarecer que os princípios não se confundem com as regras de costumes, pois, enquanto estas são um reflexo de boa educação, aqueles devem obrigatoriamente ser observados na prática forense, sob pena de cometimento de infração ética.

Os princípios representam a estrutura de fundamentação do ordenamento, servindo como norte a ser observado e cumprido pelos sujeitos. Celso Antônio Bandeira de Mello (1997, p. 573) define *princípio* como

> mandamento nuclear de um sistema, verdadeiro alicerce dele, disposição fundamental que se irradia sobre diferentes normas, compondo-lhes o espírito e servindo de critério para sua exata compreensão e inteligência, exatamente por definir a lógica e a racionalidade do sistema normativo, no que lhe confere a tônica e lhe dá sentido harmônico.

Já o autor Geraldo Ataliba (1988, p. 181) leciona que

> os princípios são a chave e essência de todo o direito. Não há direito sem princípios. As simples regras jurídicas de nada valem se não estiverem apoiadas em princípios sólidos. Os convencionais da Filadélfia trabalharam sobre princípios de tal validade, de tal sabedoria, de tal universidade, e de tal capacidade de absorver a essência dos desejos humanos, e ainda conciliá-los a esta essência com as necessidades de criação de um poder de Estado que fosse ao mesmo tempo forte para assegurar o direito, e suave para respeitar as liberdades. Daí a importância básica que têm os princípios na consideração de qualquer matéria jurídica, mas especialmente nas considerações de Direito Constitucional [...].

Sobre o princípio fundamental da deontologia forense, José Renato Nalini (2012, p. 413) assinala:

> À deontologia profissional e, particularmente, à deontologia forense aplica-se um princípio fundamental: agir

segundo ciência e consciência. Essa a ideia-força a inspirar todo o comportamento profissional. Isto vale para toda e qualquer profissão. Não é exclusividade da Ciência do Direito [...].

Além da formação adequada, o profissional deverá manter um processo próprio de educação continuada. Os avanços e as novas descobertas influem decisivamente em seu trabalho. Profissões tradicionais deixam de existir e outras surgem para substituí-las. O ser humano precisa estar preparado para novas exigências do mercado. Estar intelectualmente inativo não representa apenas paralisação. É retrocesso que distancia o profissional das conquistas em seu ramo de atuação.

Mas, além da ciência, ele deverá atuar com consciência. Existe uma função social a ser desenvolvida em sua profissão. Ele não pode estar dela descomprometido, mas se lhe reclama empenho em sua concretização.

A formação como ser humano não é dissociada do padrão de comportamento no âmbito profissional – é seu reflexo. Impossível conceber, por exemplo, uma pessoa não ética em suas atividades particulares e ética em sua atividade profissional. A composição, a formação do ser humano, embora multifacetária, influi no padrão de comportamento praticado em todos os âmbitos, seja privado, seja público. Em outras palavras, se uma pessoa tem como padrão comportamental a prática de atos de mentira, manipulação e violência, certamente isso refletirá no exercício de sua função profissional.

Destarte, o que se exige do profissional atuante como árbitro, conciliador ou mediador é uma formação humanística profunda, atrelada aos valores e princípios éticos fundamentais, o que vai repercutir como bom desempenho em sua atividade profissional, tendo como resultado um alto grau de confiabilidade, autoridade e resultados satisfatórios.

Em virtude disso, passaremos a analisar os princípios aplicáveis aos métodos alternativos de resolução de conflitos.

3.4.1 Princípio da imparcialidade do árbitro

Como visto alhures, a arbitragem apresenta procedimento arbitral próprio, conforme as regras determinadas pela Lei de Arbitragem (Lei n. 9.307/1996). Nesse espeque, o art. 13, parágrafo 6º, dessa lei define os princípios orientadores da arbitragem, quais sejam: "No desempenho de sua função, o árbitro deverá proceder com imparcialidade, independência, competência, diligência e discrição" (Brasil, 1996).

A imparcialidade do árbitro é requisito indispensável e fundamental para a garantia de credibilidade do procedimento arbitral. Vale consignar que a previsão constante na Lei de Arbitragem reflete a previsão incluída no Código para Árbitros Internacionais, de 1987, o qual preconiza elementos éticos, como imparcialidade, independência, competência, diligência e discrição, no exercício da função arbitral (Lemes, 1992).

No âmbito interno, o princípio da imparcialidade, previsto no texto constitucional, no CPC (Lei n. 13.105/2015) e também na Lei de Arbitragem (Lei n. 9.307/1996), tem como finalidade assegurar às partes que a decisão não será tendenciosa, ou seja, sem a prevalência de uma das partes. Para tanto, o juiz arbitral deve cumprir o dever de revelação sobre qualquer fato que possa comprometer o compromisso de isenção.

Impende ressaltar que o princípio da imparcialidade está vinculado a dois requisitos, quais sejam: o dever de revelação do árbitro e a manifestação das partes. Assim, o desatendimento de um desses requisitos compromete o processo arbitral – notadamente, a decisão –, tornando-o passível, consequentemente, de impugnação (Vicente, 2010).

Não obstante, a previsão constante na Lei de Arbitragem permite que as partes escolham o árbitro de sua confiança, não comprometendo o princípio da imparcialidade nem se confundindo com ela. O requisito da escolha pautada na confiança significa que essa escolha deve ocorrer de acordo com critérios objetivos, com base no conhecimento técnico e na experiência profissional na área.

Desse modo, a possibilidade de eleição do árbitro pelas partes não implica favoritismo ou, até mesmo, existência de contato anterior, porquanto na sistemática do procedimento arbitral a imparcialidade é requisito de validade na formação do processo decisório.

Sobre o tema, pertinente analisar alguns enunciados aprovados na II Jornada Prevenção e Solução Extrajudicial de Litígios (2021).

Enunciado 97

O conceito de dúvida justificada na análise da independência e imparcialidade do árbitro deve observar critério objetivo e ser efetuado na visão de um terceiro que, com razoabilidade, analisaria a questão levando em consideração os fatos e as circunstâncias específicas.

Justificativa: Segundo o art. 14, § 1º, da Lei de Arbitragem, os candidatos a árbitro têm o dever de revelar qualquer fato que denote dúvida justificada à sua imparcialidade ou independência. O art. 15 trata do pedido de recusa do árbitro ou impugnação. No julgamento da impugnação de árbitro, segundo as regras da Câmara Arbitral escolhida e posteriormente, na eventualidade de uma ação anulatória

> nos termos do art. 32, o julgador deve levar em consideração critérios objetivos, na visão de um terceiro razoável, e não sob o prisma subjetivo das partes.

Fonte: Jornada Prevenção e Solução Extrajudicial de Litígios, 2021, p. 12.

O referido enunciado traça o critério orientador para análise e consideração de eventual questionamento sobre a imparcialidade ou a independência do árbitro. Trata-se de um critério objetivo para evitar que uma das partes utilize indevidamente uma argumentação nesse sentido como tentativa de anular o procedimento arbitral. Assim, é possível utilizar como parâmetro objetivo para análise do caso concreto as hipóteses de impedimento e suspeição do árbitro previstas nos arts. 144 e 145 do CPC (Lei n. 13.105/2015). As hipóteses e as consequências jurídicas delas decorrentes estão especificadas na Seção 3.7, que trata dos dilemas éticos.

Enunciado 110

A omissão do árbitro em revelar às partes fato que possa denotar dúvida quanto à sua imparcialidade e independência não significa, por si só, que esse árbitro seja parcial ou lhe falte independência, devendo o juiz avaliar a relevância do fato não revelado para decidir ação anulatória.

Justificativa: O dever de revelação do árbitro em relação a fatos que possam suscitar dúvida justificada quanto à sua imparcialidade e independência é consagrado no art. 14, § 1º, da Lei n. 9.307/1996. Trata-se de obrigação relevante que garante a integridade do processo arbitral. Há, no entanto, um certo grau de subjetividade quanto ao que deve ou não ser revelado, seja em virtude da falta de critérios objetivos na legislação e nos regulamentos das

> instituições arbitrais quanto a fatos que não precisam ser revelados, seja até mesmo por conta da adoção de critérios diferentes. Assim, a falta de revelação por si só não denota má-fé do árbitro ou o comprometimento de sua imparcialidade ou independência. Ao apreciar a eventual anulação da sentença em razão da falta de revelação do árbitro, o juiz deve considerar vários elementos. É preciso averiguar se a parte já sabia ou deveria saber daquele fato alegadamente omitido (ou seja, se houve de fato uma omissão do árbitro ou se a parte esperou o resultado da arbitragem para fazer a alegação da omissão) e se o fato eventualmente não revelado é mesmo relevante para colocar em dúvida a independência e imparcialidade do árbitro, ou se é fato que, ainda que houvesse sido revelado, não teria o condão de levar à impugnação ou remoção do árbitro. Neste sentido, cite-se o recente julgamento da Suprema Corte do Reino Unido no caso Halliburton v Chubb, em que se entendeu que a falta de revelação não corresponde necessariamente a uma violação do dever de independência e imparcialidade do árbitro, devendo ser averiguadas as circunstâncias de cada caso.

Fonte: Jornada Prevenção e Solução Extrajudicial de Litígios, 2021, p 16.

Esse enunciado trata especificamente do cumprimento do dever de revelação pelo árbitro, o qual, registre-se novamente, é vinculado ao princípio da imparcialidade. Tal dever consiste na obrigação do árbitro de informar as partes sobre qualquer contato ou vínculo anterior havido com qualquer uma delas, com o intuito de que a vontade das partes prevaleça sobre a permanência da escolha do árbitro ou sua substituição.

É imprescindível o correto cumprimento desse dever, sob pena de o árbitro sofrer sanções nas esferas civil e criminal, na hipótese de descoberta posterior de fatos ensejadores de suspeição e violação do princípio da imparcialidade.

A legislação não define elementos objetivos sobre o dever de revelação e, em virtude disso, a orientação constante no referido enunciado visa indicar a necessidade de objetivação da análise para caracterizar a violação – ou não – do descumprimento do dever de revelação, o que pode ser sistematizado tal como apresentado a seguir.

> **Dever de revelação**
>
> A parte que alega o fato já tinha conhecimento (ou deveria ter/teria condições de saber) no momento da escolha do árbitro?
>
> O momento da alegação foi durante o processo arbitral ou após a sentença arbitral?
>
> O fato revelado tem correlação ou indicativo de vantagem sobre o caso submetido ao procedimento arbitral?

Como visto, a análise do eventual descumprimento do dever de revelação está atrelada às circunstâncias de cada caso concreto.

3.4.2 Princípio do contraditório e da ampla defesa

O princípio do contraditório e da ampla defesa, consagrado no texto constitucional brasileiro como direito fundamental, também foi resguardado na Lei de Arbitragem (Lei n. 9.307/1996). Em síntese, esse princípio assegura às partes as mesmas oportunidades no processo arbitral. Assim, o árbitro não pode decidir sobre uma pretensão sem ouvir a outra parte. Consideram-se, portanto, dois elementos: informação e possibilidade de reação pela parte adversa.

Desse modo, o árbitro, durante o procedimento arbitral, como responsável pela condução, deve estar atento e garantir às partes igualdade de tratamento e de produção de provas durante o processo arbitral.

3.4.3 Princípio do livre convencimento do árbitro

Semelhante ao princípio do livre convencimento motivado, constante no CPC (Lei n. 13.105/2015), o princípio citado na Lei de Arbitragem (Lei n. 9.307/1996) assegura aos árbitros a liberdade de apreciação das provas produzidas e inscritas no processo arbitral. Todavia, a liberdade de apreciação não exclui a necessidade de fundamentação da decisão, porquanto esse elemento é indispensável para a formação da sentença arbitral.

Em outras palavras, o livre convencimento do árbitro significa que não há condicionamento ou vinculação da sentença arbitral ao resultado de alguma prova. Como ilustração, podemos citar a produção de prova pericial que aponta resultado favorável para uma das partes. Tal resultado não vincula o árbitro, pois este tem a liberdade de avaliar e valorar outros elementos probatórios constantes no processo arbitral e decidir de maneira diversa da prova pericial. O que a lei exige é a fundamentação da decisão.

3.4.4 Princípio da boa-fé

O princípio da boa-fé na arbitragem tem como finalidade vedar determinados comportamentos pelas partes, tais como: (i) abuso de direito; (ii) comportamento contraditório; (iii) ato emulativo ou eivado de má-fé; e (iv) alegação em juízo da própria torpeza.

Todos os envolvidos no processo arbitral devem ter como guia orientador de suas ações um comportamento pautado na boa-fé, dado que a submissão do conflito ao processo arbitral é oriundo de uma escolha das partes e, assim, não pode a parte, após descontentamento com a sentença arbitral ou, ainda, com determinada prova, alegar vício inexistente por mero inconformismo.

Para tanto, o legislador estabelece no art. 20 do CPC (Lei n. 13.105/2015) que deve a parte fazer alegação na primeira oportunidade.

Portanto, age com boa-fé o árbitro que está atento aos deveres legais.

3.4.5 Princípio da confidencialidade

Como vimos, o art. 13, parágrafo 6º, da Lei n. 9.307/1996 estabelece como deveres de atuação do árbitro a imparcialidade, a independência, a competência, a diligência e a discrição. Não há, pois, previsão expressa sobre o princípio da confidencialidade.

Contudo, para Fichtner, Mannheimer e Monteiro (2012), o mencionado artigo determina implicitamente o dever de confidencialidade sobre todas as informações obtidas durante o processo arbitral, inclusive após a prolação da sentença arbitral.

O texto legal institui o dever de discrição, o qual exige do árbitro uma conduta reservada, isto é, sem manifestação pública sobre informações que possam indicar a existência do litígio. Nesse sentido, Carmona (2009, p. 246) assinala: "Uma coisa é a sobriedade do árbitro, de quem se espera comportamento discreto; outra, bem diversa, é o sigilo".

Assim, por força *ex lege*, a discrição é um dever do árbitro, o que não implica, necessariamente, o dever de guardar segredo absoluto acerca dos fatos ocorridos na arbitragem.

De todo modo, muito embora não conste expressamente na legislação, a confidencialidade está prevista nos regulamentos das instituições arbitrais, considerando-se que ela é tomada como elemento diferencial e de escolha por aqueles que optam pelo procedimento arbitral*.

A confidencialidade impede a exposição da arbitragem e dos elementos a ela relacionados, haja vista que a simples ciência da existência de uma controvérsia pode impactar os direitos envolvidos e os objetos do litígio. Existe uma preocupação com a estratégia envolvida, pois, normalmente, os processos arbitrais necessitam do sigilo para evitar desdobramentos de possíveis especulações e interferências externas.

Eventual punição do árbitro por violação do princípio da confidencialidade somente pode ocorrer quando tal cláusula estiver expressa e convencionada entre as partes, já que o dever de discrição não pode ser confundido com o dever de confidencialidade. Logo, entende-se que a confidencialidade deverá estar expressamente prevista para que possa ser exigida.

3.4.6 Princípio da autonomia da vontade

O princípio da autonomia da vontade, previsto na Lei de Arbitragem (Lei n. 9.307/1996), permite a autorregulamentação pelas partes, limitada apenas pelas leis imperativas nacionais e pelas regras de ordem pública.

---

* De acordo com a pesquisa realizada em 2018 pela School of International Arbitration, da Queen Mary University of London, em conjunto com o White & Case International Arbitration Group, 87% dos entrevistados avaliam a confidencialidade como um aspecto importante da arbitragem (40% consideram "muito importante"; 33%, "bastante importante"; e 14%, "importante em alguma medida") (Gasparini, 2019, p. 46-47).

Logo, as partes têm a faculdade de definir todas as etapas do procedimento arbitral, o que deve ser preservado e observado pelo árbitro. Contribuem, nesse sentido, os ensinamentos de Tânia Lobo Muniz (1999, p. 68):

> A arbitragem, tendo sua origem num contrato, também encontra sua base neste princípio: o princípio da autonomia da vontade das partes de compor os conflitos submetendo-os aos árbitros. Princípio este que se manifesta pela liberdade que tem o indivíduo de extinguir o litígio surgido por ato de sua própria vontade, dentro dos casos permitidos e dos limites estabelecidos pela lei. A aplicação do princípio inclui a liberdade de escolher as diversas leis para reger o contrato, inserir as chamadas cláusulas de estabilização, excluir ou afastar qualquer direito nacional e escolher as normas aplicáveis (boa-fé, equidade, princípios gerais de direito, *lex mercatoria*, ou cláusulas de escolha negativa ou parcial de certo direito estatal).

Esse é um princípio fundante e diferenciador da arbitragem, haja vista a liberdade das partes para a resolução satisfatória do conflito. Como explicitado alhures, as partes podem, além de eleger o árbitro, estabelecer, dentro da legalidade, as regras aplicáveis durante o processo arbitral.

3.5 Princípios norteadores da conciliação e da mediação

A relevância da análise e da compreensão dos princípios estruturantes e orientativos da conciliação e da mediação tem como fundamento sua base constitucional. O preâmbulo da Constituição Federal de 1988 refere-se ao povo brasileiro como uma "sociedade fraterna, pluralista e sem preconceitos, fundada na harmonia social e comprometida, na ordem interna e internacional, com a solução pacífica das controvérsias" (Brasil, 1988). Dessa maneira, os princípios formam toda a base de valor e de validade tanto da conciliação quanto da mediação.

Por oportuno, considerando que não há uniformidade no critério adotado para a denominação dos princípios, adotamos como base para análise os marcos normativos relativos aos meios consensuais, quais sejam: (i) a Resolução n. 125/2010 do CNJ; (ii) o CPC (Lei n. 13.105/2015); e (iii) a Lei de Mediação (Lei n. 13.140/2015).

3.5.1 Princípio da confidencialidade

O princípio da confidencialidade influi diretamente na conciliação e na mediação, sendo concretizado no compromisso do terceiro facilitador (conciliador ou mediador) de manter sigilo sobre todas as situações vivenciadas durante a sessão de conciliação ou de mediação.

Esse princípio consta expressamente tanto na Resolução n. 125/2010 (art. 1º, I, do Código de Ética) como no CPC (art. 166) e na Lei de Mediação (Seção IV, arts. 30 e 31).

Vale notar que a confidencialidade, assim como ocorre na arbitragem, "traz vantagens para as partes, para o terceiro facilitador e para o próprio processo consensual", posto que é compreendida como elemento fundamental para estabelecer a "comunicação franca e livre" entre as partes envolvidas (Takahashi et al., 2019, p. 30).

Além de facilitar a comunicação, a confidencialidade é atrativa, por vezes, para a resolução de conflitos de natureza empresarial, o que pode ser vantajoso, necessário e indispensável, a depender da área de atuação da empresa, uma vez que, desse modo, é possível, por exemplo, manter intactos segredos industriais.

Todavia, a confidencialidade não é absoluta, admitindo-se seu afastamento em determinadas hipóteses. Na conciliação, pode-se excepcionar a confidencialidade em duas situações, conforme expresso na Resolução n. 125/2010: (i) quando houver autorização expressa das partes; ou (ii) quando for constatada violação à ordem pública ou às leis vigentes.

Na mediação, conforme previsão constante no art. 30 da Lei de Mediação (Lei n. 13.140/2015), a confidencialidade pode ser afastada quando: (i) as partes expressamente decidirem de forma diversa; (ii) a divulgação for exigida por lei ou necessária ao cumprimento do acordo; (iii) constar informação que denote a ocorrência de crime de ação pública; e (iv) constar informação de natureza tributária.

Dessa forma, é crucial que o terceiro facilitador (mediador ou conciliador) comunique, de maneira clara e precisa, os limites da confidencialidade logo no início da sessão, no intuito de esclarecer e sanar eventual dúvida pelas partes.

Ainda, vale destacar que o princípio da confidencialidade é requisito também para sessões de mediação *on-line*. Com efeito, no momento da sessão, não é admissível a presença de terceiros estranhos ao conflito, sob pena de nulidade do resultado da conciliação. Acerca do tema, cabe considerar o Enunciado 140 aprovado na II Jornada Prevenção e Solução Extrajudicial de Litígios.

Enunciado 140

Os princípios da confidencialidade e da boa-fé devem ser observados na mediação *on-line*. Caso o mediador, em algum momento, perceba a violação a tais postulados, poderá suspender a sessão ou sugerir que tal ato seja realizado na modalidade presencial.

Justificativa: O princípio da confidencialidade orienta as mediações, conforme se verifica nos artigos 2º, VII, 14, e 30 da Lei n. 13.140/2015, devendo tal preceito ser observado nas plataformas *on-line*.

Fonte: Jornada Prevenção e Solução Extrajudicial de Litígios, 2021, p. 27.

3.5.2 Princípio da informalidade e da oralidade

O princípio da informalidade assegura às partes que o procedimento da conciliação e da mediação é flexível, isto é, permite aos envolvidos a liberdade de construção para a resolução do conflito. Assim, decorrente da informalidade, o princípio da oralidade valoriza a forma simples, o contato direto entre as partes, com a consequente dispensa do registro em documento oficial.

O intento da informalidade e do prestígio à oralidade é estimular o maior diálogo entre as partes no ambiente de negociação estabelecido, tendo em vista que termos escritos podem dificultar o ajuste final.

3.5.3 Princípio do consensualismo

A busca pelo consenso como princípio orientador da mediação e da conciliação, prevista no art. 2º, inciso VI, da Lei de Mediação (Lei n. 13.140/2015), preconiza que o terceiro facilitador deve pautar sua atuação no estabelecimento de uma comunicação eficaz entre as partes, de modo que facilite o entendimento e, consequentemente, a construção da resolução do conflito.

Embora o intento seja, ao final da sessão, a formalização do acordo consensual, a depender do tipo de conflito, o acordo nem sempre é a melhor opção. Desse modo, a observância do princípio do consensualismo ressalta a necessidade de considerar os interesses dos envolvidos e a autonomia da vontade das partes.

Portanto, a busca pelo consenso compreende a despolarização das partes com o objetivo de clarificar e identificar as possibilidades para a resolução do conflito, sem qualquer tipo de imposição, ainda que indireta e a qualquer custo, de um acordo sem compromisso com o respeito às partes e a satisfação com a qualidade do acordo celebrado.

Assim, conforme determina o art. 2º, inciso III, do Código de Ética anexo à Resolução n. 125/2010, não há obrigação de formalização do acordo, uma vez que esta é uma decisão das partes, sendo admissível, na conciliação, tão somente indicar opções que podem ser aceitas ou não pelas partes. Como esclarecem Meira e Rodrigues (2017, p. 109),

> Genacéia da Silva Alberton, na qualidade de coordenadora do Núcleo de Estudos de Mediação da Escola Superior da Magistratura do Rio Grande do Sul, opinou pela exclusão do princípio da busca do consenso da Lei da Mediação por uma constatação semelhante. Para ela, o princípio "faz parte de todo o procedimento autocompositivo e não é essencial para a mediação. Uma mediação pode ser inexitosa e ter uma repercussão positiva para os envolvidos com restauração do diálogo. A mediação, portanto, não pode e não deve ser medida unicamente pelo êxito constante no Termo de Entendimento".

Relevante notar a diferenciação do exercício do princípio em comento quando se comparam a mediação e a conciliação. Como visto, o princípio do consensualismo funciona como orientador da ação do terceiro facilitador, sendo inerente à própria mediação, isto é, não existe a possibilidade de mediação sem o mínimo de consenso entre as partes. De outro norte, na conciliação, o consenso nem sempre é um elemento presente, uma vez que a atuação do conciliador é mais ativa em comparação com a do mediador, pois aquele pode até mesmo sugerir opções de resolução do conflito que podem ser aceitas pelas partes.

3.5.4 Princípio da independência e da autonomia

O princípio da independência e da autonomia, previsto no inciso V do art. 1º do Código de Ética anexo à Resolução n. 125/2010, garante a liberdade de atuação do terceiro facilitador (mediador/conciliador), pois este não pode estar vinculado e sujeito a pressões indevidas, sejam internas, sejam externas.

Portanto, o respeito ao princípio da independência e da autonomia permite ao conciliador ou ao mediador a possibilidade de negar a elaboração e a assinatura de acordo manifestamente ilegal ou, ainda, de recusar ordem indevidamente feita por quaisquer das partes ou mesmo pelo juiz.

3.5.5 Princípio da boa-fé

O princípio da boa-fé, previsto apenas na Lei de Mediação (Lei n. 13.140/2015), é derivado do direito civil, sendo compreendido por duas perspectivas: uma objetiva e outra subjetiva.

Na perspectiva objetiva, conforme entendimento do Superior Tribunal de Justiça (STJ, 2023), *boa-fé* significa "regra de conduta que se traduz em um dever de agir em conformidade com determinados padrões de honestidade, de forma a não frustrar a confiança depositada pela outra parte".

No que concerne ao âmbito subjetivo, a análise parte de uma percepção individual, com a finalidade de verificar se o indivíduo "acreditava que tal agir era correto, mesmo que esse não seja o padrão de conduta normal do homem médio naquela situação" (Capiberibe, 2013, p. 119).

A aplicação do referido princípio é admissível no processo de mediação, vinculado ao cumprimento dos outros princípios, principalmente na condução pelo mediador ou conciliador para o esclarecimento de eventuais equívocos sobre fatos, afirmações ou crenças de uma das partes, bem como para o zelo com a honestidade de todos os agentes, especialmente na interpretação de questões subjacentes e dos termos de um eventual acordo (Meira; Rodrigues, 2017).

Considera-se, portanto, que o princípio da boa-fé está internamente vinculado aos demais princípios pois estabelece um *standard* de conduta para o processo cooperativo. Nesse sentido, vale destacar exemplos práticos de ocasiões em que não há boa-fé elencados pelo Conselho da Justiça Federal:

> a) durante a sessão de conciliação, uma das partes fala para a outra aceitar sua proposta de acordo, ameaçando que, se isso não ocorrer, irá recorrer; ainda assim o acordo não é aceito e, proferida a sentença desfavorável àquela que fez a ameaça, não é apresentado recurso; b) o ente público apresenta proposta de acordo por escrito no processo que, todavia, não é aceita pela outra parte; o juiz considera a apresentação da proposta do ente público como fundamento para a sua sentença; c) um dos envolvidos aceita o acordo e depois, sem qualquer motivo aparente, busca anular a decisão judicial homologatória. (Takahashi et al., 2019, p. 33)

São inúmeras as possibilidades de condutas violadoras da boa-fé, variáveis de acordo com a complexidade da situação concreta, sendo possível a violação não apenas pelas partes, mas também pelo terceiro facilitador.

Cumpre ressaltar que os fios condutores desse princípio são a plausibilidade, a razoabilidade, a honestidade e a confiabilidade do comportamento de todos os agentes durante a sessão de mediação e a audiência de conciliação.

Por oportuno, convém observar que os princípios da boa-fé e da cooperação são considerados indispensáveis para a efetividade e a celeridade da resolução da controvérsia, sendo fator de impacto, inclusive, para a desjudicialização dos conflitos. Nesse sentido, importante verificar o que preconiza o Enunciado 132 da II Jornada Prevenção e Solução Extrajudicial de Litígios.

Enunciado 132

Os princípios da boa-fé e da cooperação incidem sobre todo o sistema multiportas de acesso à Justiça, inclusive no foro extrajudicial.

Justificativa: A desjudicialização é um objetivo que deve ser perseguido pela sociedade e pelos operadores do Direito como um instrumento tanto para desafogar o Poder Judiciário quanto para estimular os demais mecanismos de acesso a uma ordem jurídica justa, potencializando a busca pelo ideal de pacificação social.

Nesse contexto, o processo deve ser entendido não apenas como a instrumentalização de uma ação judicial, mas também como todo e qualquer instrumento voltado à solução de conflitos, especialmente os métodos extrajudiciais de que tratam o § 3º do art. 3º do CPC.

> Sendo os princípios da boa-fé e da cooperação de fundamental importância para a efetividade e celeridade da solução das controvérsias, devem, portanto, ser aplicados não apenas aos processos judiciais, mas a todos e quaisquer instrumentos que compõem o denominado sistema multiportas de acesso à Justiça, notadamente os métodos extrajudiciais de solução de conflitos.

Fonte: Jornada Prevenção e Solução Extrajudicial de Litígios, 2021, p. 24.

3.5.6 Princípio da imparcialidade

A definição da imparcialidade consta no inciso IV do art. 1º do Código de Ética anexo à Resolução n. 125/2010:

> dever de agir com ausência de favoritismo, preferência ou preconceito, assegurando que valores e conceitos pessoais não interfiram no resultado do trabalho, compreendendo a realidade dos envolvidos no conflito e jamais aceitando qualquer espécie de favor ou presente. (CNJ, 2010)

Como visto na seção sobre os princípios aplicáveis à arbitragem, o princípio da imparcialidade influencia sobremaneira o processo de mediação e de conciliação, determinando que o terceiro facilitador não pode ter qualquer tipo de preferência por qualquer das partes ou por qualquer um de seus interesses.

Assim, indispensável que, no ambiente da sessão de mediação ou de conciliação, transpareça a imparcialidade do profissional mediador ou conciliador, inclusive com a exclusão de objetos que possam indicar alguma tendência pessoal, como logotipos, calendários e objetos religiosos.

Por fim, "aplicam-se ao mediador e ao conciliador as mesmas hipóteses de impedimento e de suspeição relativas ao juiz", as quais se encontram descritas no art. 148, inciso II, do CPC (Lei n. 13.105/2015); no art. 5º da Lei de Mediação (Lei n. 13.140/2015); e no art. 7º, parágrafo 6º, da Resolução n. 125/2010.

3.5.7 Princípio da isonomia entre as partes

O princípio da isonomia entre as partes decorre da previsão constante no *caput* do art. 5º da Constituição Federal, segundo o qual "Todos são iguais perante a lei, sem distinção de qualquer natureza" (Brasil, 1988).

Assim, a observância desse princípio exige do terceiro facilitador o zelo durante todo o processo pelo equilíbrio entre as partes. Para isso, são necessárias a comunicação acessível e a igualdade de condições de manifestação do interesse de cada parte. Dessa forma, sem perder de vista a imparcialidade, o mediador ou conciliador tem como tarefa identificar, no caso concreto, se existe a intenção de alguma das partes de obter vantagens indevidas. Nessa situação, deve proceder de modo a preservar os direitos fundamentais da parte vulnerável, com a lavratura do termo de encerramento da mediação, o qual deve conter a apresentação da justificativa que impediu o estabelecimento de um ambiente seguro e propício para alcançar o consenso das partes.

Conforme Ronit Zamir (citado por Takahashi et al., 2019, p. 40), "o terceiro facilitador deve estabelecer uma relação de confiança com as partes" e, para que isso seja possível, sua comunicação, sua vestimenta e suas expressões corporais devem propiciar proximidade limitada com as partes, de maneira a possibilitar a transparência e a acessibilidade. Para o referido autor, existe a tensão entre a ética da imparcialidade e a ética do cuidado.

A ética da imparcialidade significa o distanciamento em relação às partes, sem, portanto, a intervenção do terceiro sobre o objeto da disputa, ao passo que a ética do cuidado consiste na responsabilidade do agente sobre o ato de identificar as necessidades e os interesses das partes, zelando pelo estabelecimento cooperativo e consensual.

Diversamente da forma como a imparcialidade é exigida no processo arbitral, na conciliação e na mediação é admissível, de modo limitado, uma maior proximidade do mediador ou do conciliador para, diante da complexidade do caso concreto, poder estabelecer a comunicação entre as partes, indispensável para a construção da solução do conflito. Assim, a atuação mais ativa do terceiro facilitador é aceitável, desde que respeitados os limites objetivos.

Ainda, em casos em que há desequilíbrio de poder, sobretudo quando a outra parte é órgão integrante da Administração Pública, é admissível que o terceiro facilitador forneça mais informações para uma das partes como representação de atenção e cuidado, a fim de assegurar um tratamento igualitário entre as partes.

Convém destacar que os dilemas éticos são casuísticos e decorrem da inobservância dos princípios fundamentais, sendo, contudo, fator máximo de prevenção a qualidade na formação do agente (conciliador, mediador ou árbitro), a qual deve promover a consciência da irrenunciabilidade da conduta, que, por sua vez, deve ser isenta de interesses pessoais para a prevalência dos limites éticos.

3.5.8 Princípio da decisão informada

O princípio da decisão informada prescreve que as partes, informadas e conscientes de seus direitos, têm liberdade para decidir. É nesse sentido que a redação do art. 1º, inciso II, do Código de Ética anexo à Resolução n. 125/2010 refere-se ao "dever de manter o jurisdicionado plenamente informado quanto aos seus direitos e ao contexto fático no qual está inserido" (Brasil, 2010).

Notam-se dois componentes, que estão inter-relacionados, para a decisão informada, quais sejam: decisão e informação. Tais requisitos são indispensáveis na medida em que não é concebível reputar a validade de uma decisão quando há informações incompletas e insuficientes. Logo, as partes devem compreender as regras do procedimento adotado (mediação ou conciliação), o objetivo, as possibilidades de posicionamento, o resultado e as consequências jurídicas decorrentes da celebração do acordo (Nolan-Haley, 1999).

É nesse sentido a redação do art. 2º do Código de Ética anexo à Resolução n. 125/2010:

> Art. 2º As regras que regem o procedimento da conciliação/mediação são normas de conduta a serem observadas pelos conciliadores/mediadores para o bom desenvolvimento daquele, permitindo que haja o engajamento dos envolvidos, com vistas à sua pacificação e ao comprometimento com eventual acordo obtido, sendo elas:
>
> I – Informação – dever de esclarecer os envolvidos sobre o método de trabalho a ser empregado, apresentando-o de forma completa, clara e precisa, informando sobre os princípios deontológicos referidos no Capítulo I, as regras de conduta e as etapas do processo;

II – Autonomia da vontade – dever de respeitar os diferentes pontos de vista dos envolvidos, assegurando-lhes que cheguem a uma decisão voluntária e não coercitiva, com liberdade para tomar as próprias decisões durante ou ao final do processo e de interrompê-lo a qualquer momento;

III – Ausência de obrigação de resultado – dever de não forçar um acordo e de não tomar decisões pelos envolvidos, podendo, quando muito, no caso da conciliação, criar opções, que podem ou não ser acolhidas por eles;

IV – Desvinculação da profissão de origem – dever de esclarecer aos envolvidos que atuam desvinculados de sua profissão de origem, informando que, caso seja necessária orientação ou aconselhamento afetos a qualquer área do conhecimento poderá ser convocado para a sessão o profissional respectivo, desde que com o consentimento de todos;

V – Compreensão quanto à conciliação e à mediação – dever de assegurar que os envolvidos, ao chegarem a um acordo, compreendam perfeitamente suas disposições, que devem ser exequíveis, gerando o comprometimento com seu cumprimento.

Assim, cabe ao conciliador e ao mediador prestar informações procedimentais sobre o método, a fim de garantir o esclarecimento da parte sobre as condutas possíveis, bem como sobre as proibições. Não podem, contudo, fornecer informações substanciais que impliquem eventual vantagem ou, ainda, que tenham natureza de orientação jurídica.

3.5.9 Princípio do empoderamento

O princípio do empoderamento consta no inciso VII do art. 1º do Código de Ética anexo à Resolução n. 125/2010, o qual tem como finalidade promover a consciência das partes para uma postura resolutiva dos próprios conflitos por intermédio da comunicação.

Vale pontuar que o estímulo do empoderamento converge para o desenvolvimento de habilidade para o exercício da autonomia, com significativo aumento do poder dos indivíduos para controlar os rumos da própria vida. Desse modo, é recomendado o empoderamento especialmente em casos de desequilíbrio de poder. Segundo Christopher Moore (2003), por meio do empoderamento, é possível: (i) ajudar a parte mais vulnerável a organizar e a identificar informações; (ii) assistir e educar a parte na construção da estratégia para uma negociação efetiva; (iii) informar a parte sobre a possibilidade da assistência de um advogado ou de outra pessoa; e (iv) encorajar a parte a fazer concessões realistas.

Destarte, devem o mediador e o conciliador estimular as partes a integralizar e experienciar, como prática pedagógica e de aprendizado, as possibilidades de resolução de conflitos de maneira consensual, equilibrada, justa e autônoma.

3.5.10 Princípio da validação

O princípio da validação está previsto no inciso VIII do art. 1º do Código de Ética anexo à Resolução n. 125/2010 como o "dever de estimular os interessados a perceberem-se reciprocamente como seres humanos merecedores de atenção e respeito" (CNJ, 2010).

Com base nesse princípio, promove-se a humanização do processo por meio do "reconhecimento mútuo de interesses e sentimentos visando a uma aproximação real das partes" (Azevedo, 2016, p. 253). Ou seja, concatenado aos outros princípios, o objetivo é estabelecer um ambiente respeitoso e colaborativo para favorecer a comunicação entre as partes.

Nesse sentido, Tânia Almeida (2014, citada por Takahashi et al., 2019, p. 37) assinala que a validação "tem por objetivo legitimar, no sentido de justificar positivamente, condutas aparentemente inadequadas dos mediandos: a interrupção da fala do outro e/ou posturas reativas, agressivas ou provocativas". Todavia, cabe ressaltar que tal princípio tem aplicação restrita a determinados tipos de conflitos, sobretudo àqueles em que é necessária a reaproximação das partes, "como disputas entre vizinhos, colegas de trabalho ou familiares" (Meira; Rodrigues, 2017, p. 120).

3.5.11 Princípio do respeito à ordem pública e às leis vigentes

Durante todo o processo de mediação ou de conciliação, o terceiro facilitador tem como dever legal estar atento às cláusulas de eventual acordo quanto à previsão de conteúdo que viole a ordem pública ou, ainda, leis vigentes, conforme consta no inciso VI do art. 1º do Código de Ética anexo à Resolução n. 125/2010.

Cumpre destacar que os conceitos de *ordem pública* e *leis vigentes* carecem de precisão terminológica, pois dependerão da análise casuística para aplicação do texto legal, com o fito de se alcançar "uma Justiça mais individualizada" (Yamada, 2009, p. 16).

3.6 Códigos de ética

Foi a partir dos anos 1950 que a adoção de códigos de conduta passou a ser referência no âmbito corporativo, com vistas ao cumprimento da lei antitruste.

Na atualidade, os códigos de conduta representam a definição do comportamento ético de determinada empresa ou órgão governamental. São, portanto, ferramentas indispensáveis, no contexto da cultura organizacional, ao monitoramento do desenvolvimento e da integração das pessoas com a forma de atuação da empresa no cenário competitivo.

Dentro das boas práticas, como estímulo e guia orientativo para comportamentos éticos – inclusive exigidos no âmbito do exercício da atividade profissional –, os códigos de ética têm função relevante na medida em que estabelecem normas de conduta e diretrizes que serão utilizadas como orientação para a adoção de determinada decisão ou ação. Estabelecem, em síntese, o que é admissível e o que é reprovável.

Assim, vale consignar que a primeira motivação existente para elaborar um código de ética é que, por meio da normatização, é possível exigir dos agentes a ciência de determinado comportamento esperado. Nesse sentido, o código de ética traz clareza, transparência, segurança e objetividade quanto aos deveres e direitos que devem ser observados na prática profissional, bem como quanto à consequente punição na hipótese de conduta desconforme.

De modo geral, os códigos de ética abordam situações em que há conflito de interesse, tais como privacidade, contribuições, presentes, entre outros. Entretanto, apenas a existência do código de ética não é suficiente para assegurar sua observância. É indispensável, para sua efetividade, que o código seja adequado à realidade da empresa, ao perfil de clientes e à área de atuação da organização.

Dito isso, vale destacar os principais requisitos que devem ser observados para a elaboração e a implantação de um código de ética, apresentados no quadro a seguir.

Quadro 3.3 – Requisitos para a elaboração de um código de ética

Especificidade	Ao longo do texto, é crucial citar exemplos específicos tanto das práticas admitidas quanto das proibidas.
Publicidade	Deve ser documento público à disposição para consulta de todos interessados, a fim de verificarem o padrão de comportamento ético exigido.
Clareza	A redação deve ser clara, objetiva e realista, especialmente sobre as punições previstas.
Revisão	Deve haver revisão periódica dos documentos com a finalidade de incluir termos e/ou atualizá-los de acordo com as problemáticas diagnosticadas.
Obrigatoriedade	Deve haver previsão de cumprimento do código estabelecido.

Vale ressaltar que a previsão de recompensas pelo cumprimento das diretrizes é tão fundamental quanto a previsão de punição quando da prática de ações antiéticas identificadas, visto que é a partir da exigência e da vigilância do cumprimento das obrigações e do padrão de comportamento exigido que haverá a efetividade esperada.

Por oportuno, convém mencionar que os padrões de ética são reforçados e reiterados por intermédio dos programas de treinamento, indispensáveis para nutrir, estimular e influenciar os participantes.

Nessa ordem de ideias, com o objetivo de demonstrar e identificar o que existe na ordem prática, analisaremos a seguir um código de ética do Conselho Nacional das Instituições de Mediação e Arbitragem (Conima).

3.6.1 Código de Ética do Conima

Com a finalidade de ilustrar a especificidade da estruturação de um código de ética desenvolvido no âmbito da mediação e da arbitragem, escolhemos como modelo para análise o Código de Ética do Conima.

No âmbito da mediação e da arbitragem, o Conima, fundado no ano de 1997 durante um seminário realizado no Superior Tribunal de Justiça (STJ), é uma entidade de natureza privada cujo objetivo é representar entidades de mediação e arbitragem com vistas à excelência de sua atuação e ao aprimoramento das técnicas usadas, a fim de contribuir para a maior credibilidade dos métodos extrajudiciais de solução de controvérsias.

Cumpre consignar que a instituição tem três códigos de ética distintos, quais sejam: (i) o Código de Ética das Instituições; (ii) o Código de Ética para Mediadores; e (iii) o Código de Ética para Árbitros.

Para facilitar a análise distintiva sobre os deveres dos árbitros e dos mediadores, elaboramos um quadro comparativo, apresentado a seguir.

Quadro 3.4 – Códigos de Ética do Conima para Mediadores e para Árbitros

CÓDIGO DE ÉTICA PARA MEDIADORES	CÓDIGO DE ÉTICA PARA ÁRBITROS
I – AUTONOMIA DA VONTADE DAS PARTES A Mediação fundamenta-se na autonomia da vontade das partes, devendo o Mediador centrar sua atuação nesta premissa.	I – AUTONOMIA DA VONTADE DAS PARTES O árbitro deve reconhecer que a arbitragem fundamenta-se na autonomia da vontade das partes, devendo centrar sua atuação nesta premissa.
II – PRINCÍPIOS FUNDAMENTAIS O Mediador pautará sua conduta nos seguintes princípios: Imparcialidade, Credibilidade, Competência, Confidencialidade, e Diligência.	II – PRINCÍPIOS FUNDAMENTAIS No desempenho de sua função, o árbitro deverá proceder com imparcialidade, independência, competência, diligência e confidencialidade, bem como exigir que esses princípios sejam rigidamente observados pela instituição em que for escolhido, visando proporcionar aos demandantes uma decisão justa e eficaz da controvérsia.
III – DO MEDIADOR FRENTE À SUA NOMEAÇÃO 1. Aceitará o encargo somente se estiver imbuído do propósito de atuar de acordo com os Princípios Fundamentais estabelecidos e Normas Éticas, mantendo íntegro o processo de Mediação; 2. Revelará, antes de aceitar a indicação, interesse ou relacionamento que possa afetar a imparcialidade, suscitar aparência de parcialidade ou quebra de independência, para que as partes tenham elementos de avaliação e decisão sobre sua continuidade; 3. Avaliará a aplicabilidade ou não de Mediação ao caso; 4. Obrigar-se-á, aceita a nomeação, a seguir os termos convencionados.	III – DO ÁRBITRO FRENTE A SUA NOMEAÇÃO O árbitro aceitará o encargo se estiver convencido de que pode cumprir sua tarefa com competência, celeridade, imparcialidade e independência.

(continua)

(Quadro 3.4 – continuação)

CÓDIGO DE ÉTICA PARA MEDIADORES	CÓDIGO DE ÉTICA PARA ÁRBITROS
IV – DO MEDIADOR FRENTE ÀS PARTES A escolha do Mediador pressupõe relação de confiança personalíssima, somente transferível por motivo justo e com o consentimento expresso dos mediados. Para tanto deverá: 1. Garantir às partes a oportunidade de entender e avaliar as implicações e o desdobramento do processo e de cada item negociado nas entrevistas preliminares e no curso da Mediação; 2. Esclarecer quanto aos honorários, custas e forma de pagamento; 3. Utilizar a prudência e a veracidade, abstendo-se de promessas e garantias a respeito dos resultados; 4. Dialogar separadamente com uma parte somente quando for dado o conhecimento e igual oportunidade à outra; 5. Esclarecer a parte, ao finalizar uma sessão em separado, quais os pontos sigilosos e quais aqueles que podem ser do conhecimento da outra parte; 6. Assegurar-se que as partes tenham voz e legitimidade no processo, garantindo assim equilíbrio de poder; 7. Assegurar-se de que as partes tenham suficientes informações para avaliar e decidir; 8. Recomendar às partes uma revisão legal do acordo antes de subscrevê-lo; 9. Eximir-se de forçar a aceitação de um acordo e/ou tomar decisões pelas partes; 10. Observar a restrição de não atuar como profissional contratado por qualquer uma das partes, para tratar de questão que tenha correlação com a matéria mediada.	IV – DO ÁRBITRO FRENTE À ACEITAÇÃO DO ENCARGO Uma vez aceita a nomeação, o árbitro se obrigará com as partes, devendo atender aos termos convencionados por ocasião de sua investidura. Não deve o árbitro renunciar, salvo excepcionalmente, por motivo grave que o impossibilite para o exercício da função.

(Quadro 3.4 – continuação)

CÓDIGO DE ÉTICA PARA MEDIADORES	CÓDIGO DE ÉTICA PARA ÁRBITROS
V – DO MEDIADOR FRENTE AO PROCESSO O Mediador deverá: 1. Descrever o processo da Mediação para as partes; 2. Definir, com os mediados, todos os procedimentos pertinentes ao processo; 3. Esclarecer quanto ao sigilo; 4. Assegurar a qualidade do processo, utilizando todas as técnicas disponíveis e capazes de levar a bom termo os objetivos da Mediação; 5. Zelar pelo sigilo dos procedimentos, inclusive no concernente aos cuidados a serem tomados pela equipe técnica no manuseio e arquivamento dos dados; 6. Sugerir a busca e/ou a participação de especialistas na medida que suas presenças se façam necessárias a esclarecimentos para a manutenção da equanimidade; 7. Interromper o processo frente a qualquer impedimento ético ou legal; 8. Suspender ou finalizar a Mediação quando concluir que sua continuação possa prejudicar qualquer dos mediados ou quando houver solicitação das partes; 9. Fornecer às partes, por escrito, as conclusões da Mediação, quando por elas solicitado.	V – DO ÁRBITRO FRENTE ÀS PARTES Deverá o árbitro frente às partes: 1 – Utilizar a prudência e a veracidade, se abstendo de promessas e garantias a respeito dos resultados; 2 – Evitar conduta ou aparência de conduta imprópria ou duvidosa; 3 – Ater-se ao compromisso constante da convenção arbitral, bem como não possuir qualquer outro compromisso com a parte que o indicou; 4 – Revelar qualquer interesse ou relacionamento que provavelmente afete a independência ou que possa criar uma aparência de parcialidade ou tendência; 5 – Ser leal, bem como fiel ao relacionamento de confiança e confidencialidade inerentes ao seu ofício.

(Quadro 3.4 – continuação)

CÓDIGO DE ÉTICA PARA MEDIADORES	CÓDIGO DE ÉTICA PARA ÁRBITROS
VI. DO MEDIADOR FRENTE À INSTITUIÇÃO OU ENTIDADE ESPECIALIZADA O Mediador deverá: 1. Cooperar para a qualidade dos serviços prestados pela instituição ou entidade especializada; 2. Manter os padrões de qualificação de formação, aprimoramento e especialização exigidos pela instituição ou entidade especializada; 3. Acatar as normas institucionais e éticas da profissão; 4. Submeter-se ao Código e ao Conselho de Ética da instituição ou entidade especializada, comunicando qualquer violação às suas normas.	VI – DO ÁRBITRO FRENTE AOS DEMAIS ÁRBITROS A conduta do árbitro em relação aos demais árbitros deverá: 1 – Obedecer aos princípios de cordialidade e solidariedade; 2 – Ser respeitoso nos atos e nas palavras; 3 – Evitar fazer referências de qualquer modo desabonadoras a arbitragens que saiba estar ou ter estado a cargo de outro árbitro; 4 – Preservar o processo e a pessoa dos árbitros, inclusive quando das eventuais substituições.
	VII – DO ÁRBITRO FRENTE AO PROCESSO O árbitro deverá: 1 – Manter a integridade do processo; 2 – Conduzir o procedimento com justiça e diligência; 3 – Decidir com imparcialidade, independência e de acordo com sua livre convicção; 4 – Guardar sigilo sobre os fatos e as circunstâncias que lhe forem expostas pelas partes antes, durante e depois de finalizado o procedimento arbitral; 5 – Comportar-se com zelo, empenhando-se para que as partes se sintam amparadas e tenham a expectativa de um regular desenvolvimento do processo arbitral; 6 – Incumbir-se da guarda dos documentos, quando a arbitragem for "ad hoc" e zelar para que essa atribuição seja bem realizada pela instituição que a desenvolve.

(Quadro 3.4 – conclusão)

CÓDIGO DE ÉTICA PARA MEDIADORES	CÓDIGO DE ÉTICA PARA ÁRBITROS
	VIII – DO ÁRBITRO FRENTE A ÓRGÃO ARBITRAL INSTITUCIONAL OU ENTIDADE ESPECIALIZADA Deverá o árbitro frente a órgão institucional ou entidade especializada: 1 – Cooperar para a boa qualidade dos serviços prestados pela entidade especializada; 2 – Manter os padrões de qualificação exigidos pela entidade; 3 – Acatar as normas institucionais e éticas da arbitragem; 4 – Submeter-se a este Código de Ética e ao Conselho da Instituição ou entidade especializada, comunicando qualquer violação à suas normas.

Fonte: Elaborado com base em Conima, 2023a, 2023b.

Convém enfatizar que o princípio da autonomia da vontade é compreendido como norte tanto da mediação quanto da arbitragem, na medida em que é a garantia das partes à liberdade de escolha pelo método (mediação ou arbitragem) para transacionar sobre direitos patrimoniais disponíveis. Assim, com esse ponto estruturante, os demais princípios exaustivamente abordados neste capítulo são indispensáveis e fundamentais para fortalecer a confiança depositada pelas partes no método alternativo para resolução do conflito.

Para existir confiança, são essenciais a transparência e a segurança sobre o procedimento a ser adotado, as regras aplicáveis, a previsibilidade de condutas, bem como a veracidade sobre as informações, com abstenção de promessas e garantias de resultados.

Desse modo, os códigos de ética funcionam como documentos formais que sistematizam as orientações sobre os deveres e a conduta esperada, principalmente do terceiro facilitador (conciliador, mediador ou árbitro), o que contribui para a credibilidade dos métodos alternativos de resolução de conflitos, não apenas no que se refere à satisfação pelos resultados, mas, principalmente, pelo compromisso com a alta qualidade técnica atrelada aos mais rígidos princípios éticos.

Portanto, o tema é de extrema relevância, pois a vigilância pelo comportamento ético de conciliadores, mediadores e árbitros contribui, substancialmente, para transformar a cultura baseada no litígio, passando da mentalidade adversarial para a colaborativa, o que favorece, por conseguinte, a celeridade, a qualidade de vida, os resultados, o crescimento e, via de consequência, o elevado nível de maturidade nas relações.

A diferença reside na independência do árbitro, a qual está vinculada ao princípio da decisão motivada. Isso porque, como visto, na mediação a decisão e os termos do acordo são decorrentes da vontade das partes, enquanto na arbitragem, pela natureza heterônoma, o árbitro profere uma sentença arbitral.

O item III do Quadro 3.4 denota os deveres do mediador para assumir sua nomeação, sendo indispensável, para o exercício de sua função, a avaliação apriorística sobre a adequação do uso da mediação para o caso concreto. Há casos, porém, em que a mediação não é recomendada, principalmente quando é inviável restituir a comunicação entre as partes.

A mediação estabelece que a relação de confiança é personalíssima e que a transferência somente é possível com o aceite dos mediados. Diferentemente, na arbitragem, ainda que exista a escolha pelas partes do árbitro, não existe o requisito do aceite pelas partes.

O código ainda fixa requisitos a serem observados pelo mediador, tais como a necessidade de descrição do processo de mediação; a necessidade de informar as partes sobre as regras aplicáveis durante a sessão; o sigilo sobre o teor das informações; a utilização das técnicas disponíveis; a sugestão de participação de especialista – tudo pautado no diálogo, na transparência e na cordialidade durante o processo.

3.7 Dos dilemas éticos

Se o objetivo deste estudo é abordar a ética aplicada aos métodos alternativos de resolução de conflitos, seria ilógico conjecturar a inexistência de falhas, inconsistências, fraudes e práticas contrárias à ética.

Figura 3.6 – Prática antiética

Compreendidos os princípios norteadores da conduta esperada pelos profissionais atuantes na respectiva área – arbitragem, conciliação e mediação –, revela-se pertinente, neste ponto, analisar as hipóteses previstas na legislação sobre a ocorrência de fraude.

Inicialmente, trataremos da previsão constante na Lei de Arbitragem (Lei n. 9.307/1996), a qual assegura às partes a possibilidade de requerer, judicialmente, a anulação da sentença arbitral nas seguintes hipóteses:

Art. 32. É nula a sentença arbitral se:

I – for nula a convenção de arbitragem;

II – emanou de quem não podia ser árbitro;

III – não contiver os requisitos do art. 26 desta Lei;

IV – for proferida fora dos limites da convenção de arbitragem;

V – não decidir todo o litígio submetido à arbitragem; (Revogado pela Lei nº 13.129, de 2015) (Vigência)

VI – comprovado que foi proferida por prevaricação, concussão ou corrupção passiva;

VII – proferida fora do prazo, respeitado o disposto no art. 12, inciso III, desta Lei; e

VIII – forem desrespeitados os princípios de que trata o art. 21, § 2º, desta Lei.

Art. 33. A parte interessada poderá pleitear ao órgão do Poder Judiciário competente a declaração de nulidade da sentença arbitral, nos casos previstos nesta Lei.

§ 1º A demanda para a declaração de nulidade da sentença arbitral, parcial ou final, seguirá as regras do procedimento comum, previstas na Lei nº 5.869, de 11 de janeiro de 1973 (Código de Processo Civil), e deverá ser proposta no prazo de até 90 (noventa) dias após o recebimento da notificação da respectiva sentença, parcial ou final, ou da decisão do pedido de esclarecimentos.

§ 2º A sentença que julgar procedente o pedido declarará a nulidade da sentença arbitral, nos casos do art. 32, e determinará, se for o caso, que o árbitro ou o tribunal profira nova sentença arbitral.

§ 3º A decretação da nulidade da sentença arbitral também poderá ser requerida na impugnação ao cumprimento da sentença, nos termos dos arts. 525 e seguintes do Código de Processo Civil, se houver execução judicial.

§ 4º A parte interessada poderá ingressar em juízo para requerer a prolação de sentença arbitral complementar, se o árbitro não decidir todos os pedidos submetidos à arbitragem. (Brasil, 1996, grifo nosso)

Essa previsão legal é de extrema relevância justamente porque o árbitro exerce atividade jurisdicional, o que resulta na formação de sentença que detém os efeitos de coisa julgada material.

Assim, a despeito dos fundamentos jurídicos e dos requisitos legais exigidos para a incidência da hipótese de anulação da sentença arbitral, o objetivo proposto é tratar da conduta ética e dos desafios no combate à corrupção, principalmente nos métodos alternativos de resolução de conflitos, o que não abrange apenas o comportamento do árbitro, mas também a possibilidade de corrupção pelas partes, que podem até mesmo utilizar métodos extrajudiciais para emprestar contorno de legalidade à prática de atos fraudulentos.

Em razão da delimitação da temática, a seguir, abordaremos as hipóteses constantes nos incisos II, VI e VIII do art. 32 da Lei n. 9.307/1996.

II – emanou de quem não podia ser árbitro

A previsão contida nesse inciso se dá quando o árbitro incorre em alguma das hipóteses de incapacidade civil previstas no art. 4º do Código Civil (Lei n. 10.406, de 10 de janeiro de 2002). Cumpre registrar que o texto legal estabelece apenas a comprovação da capacidade civil do árbitro, embora seja comum as câmeras privadas de arbitragem estipularem outros requisitos por meio de regulamento interno, como especialização ou atuação profissional em determinada área.

VI – comprovado que foi proferida por prevaricação, concussão ou corrupção passiva

Como explicitado no capítulo introdutório desta obra, o desafio do combate à corrupção é enfrentado por todos os países, não sendo esse problema restrito à realidade brasileira.

Nesse cenário, foi desenvolvida a metodologia *red flags*, utilizada pelos árbitros, com o objetivo de identificar suspeita da prática de corrupção no procedimento arbitral.

As *red flags*, usadas como mecanismo de verificação, muito embora não permitam alcançar a certeza da ocorrência da corrupção ou de outra prática criminosa, são a ferramenta que permite aos árbitros a identificação da existência de indícios da prática de eventuais ilícitos (Khvalei, 2013). Como ilustração, a seguir, listamos algumas dessas práticas.

Exemplos de práticas ilícitas na arbitragem

» Altos índices de corrupção do país que sedia o contrato.
» Uma das partes nega, injustificadamente, o fornecimento de determinado documento.
» Existência de pagamento de comissões para agentes públicos.
» Pagamento de taxa de participação ou de comissões sobre o valor final do contrato público.
» Os serviços contratados foram pagos e não realizados.
» Rapidez na negociação para formalização de contratos complexos.
» Preços incompatíveis com a prática do mercado.

> » Ausência de capacidade técnico-operacional de uma das partes para prestar o serviço contratado.
> » Ausência de registros (folhas de ponto dos funcionários, ata de reuniões, troca de correspondências ou *e-mails*) da prestação de serviços, principalmente se uma das partes aponta e demonstra que o contrato foi produto de corrupção.

Fonte: Elaborado com base em Baizeau; Hayes, 2017.

Relevante notar que a realidade comporta imensuráveis práticas fraudulentas, o que impede a catalogação exaustiva de todas, fato que exige do árbitro um posicionamento diligente e atualização constante sobre o meio de atuação.

Assim, diante de um contexto em que existem indícios de corrupção, qual deve ser a postura do árbitro?

A doutrina internacional aponta como admissíveis duas posturas: uma passiva e outra ativa (Raouf, 2009). A passiva ocorre quando o árbitro se recusa a praticar qualquer ato de combate à corrupção, porquanto o árbitro não detém autoridade judicial para a realização de atos de investigação de tais práticas. Nesse caso, o árbitro encerra o caso, julga-se incompetente e encaminha o caso para as autoridades estatais (Cave, 2016).

Conforme assinala Carmona (2009), a Lei de Arbitragem estabelece que os árbitros, quando no exercício de suas funções, são equiparados aos funcionários públicos para efeitos da legislação penal. Logo, depreende-se do texto legal que o árbitro detém responsabilidades e, caso atue de forma ilícita, estará sujeito à aplicação das penalidades previstas no Código Penal.

Em vista disso, deve o árbitro ser diligente e zelar pela pesquisa antecipatória sobre o comportamento suspeito das partes, haja vista que as implicações de crime praticado por árbitro são graves e podem comprometer, inclusive, a instituição responsável pela administração do processo arbitral.

Vale pontuar as hipóteses de anulação da sentença arbitral no caso de violação, pelo árbitro, do princípio da imparcialidade, pela prática de prevaricação, concussão ou corrupção, previstas no Código Penal, como consta no quadro a seguir.

Quadro 3.5 – Diferença entre os tipos penais

	PREVARICAÇÃO	CONCUSSÃO	CORRUPÇÃO
PREVISÃO LEGAL	Art. 319 do Código Penal (Decreto-Lei n. 2.848/1940)	Art. 319 do Código Penal (Decreto-Lei n. 2.848/1940)	Art. 317 do Código Penal (Decreto-Lei n. 2.848/1940)
TIPO PENAL	Ocorre quando o juiz, com o objetivo de satisfazer interesse pessoal, retarda ou deixa de praticar ato de ofício, ou, ainda, pratica ato contrário à disposição expressa na lei.	Ocorre quando o magistrado exige vantagem indevida pela prática de um ato próprio.	Ocorre quando há a solicitação ou o recebimento de vantagem indevida ou a promessa de recebê-la. A diferença para a prática da concussão é o fator de exigência.

Na hipótese de ocorrência de fraude ou de prática de qualquer ato fraudulento pelo árbitro, este estará sujeito à responsabilização civil e penal, e a sentença arbitral será nula, nos termos do art. 32, inciso VI, da Lei de Arbitragem (Lei n. 9.307/1996). Cabe frisar que, para o ajuizamento de ação anulatória, não há exigência do trânsito em julgado de eventual sentença penal condenatória, tendo em vista que o prazo previsto na lei para a proposição de ação anulatória da sentença arbitral é de 90 dias, conforme disciplina o art. 33 da Lei de Arbitragem.

Por oportuno, no que concerne à responsabilidade da instituição arbitral, isto é, das câmaras privadas com atuação extrajudicial, estas não poderão ser responsabilizadas por eventual conduta ilícita praticada pelo árbitro, visto que há delimitação e distinção das funções exercidas.

O esquema a seguir resume a prática de ato ilícito na arbitragem.

Figura 3.7 – Prática de ato ilícito na arbitragem

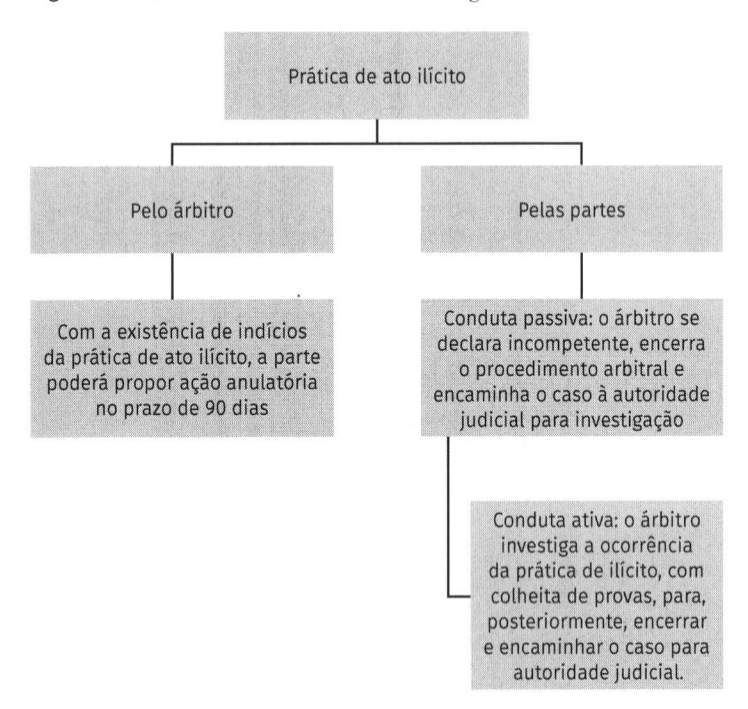

```
                    Prática de ato ilícito
                    /                    \
              Pelo árbitro            Pelas partes
                   |                        |
    Com a existência de indícios    Conduta passiva: o árbitro se
    da prática de ato ilícito, a    declara incompetente, encerra
    parte poderá propor ação        o procedimento arbitral e
    anulatória no prazo de 90 dias  encaminha o caso à autoridade
                                    judicial para investigação
                                            |
                                    Conduta ativa: o árbitro
                                    investiga a ocorrência
                                    da prática de ilícito, com
                                    colheita de provas, para,
                                    posteriormente, encerrar
                                    e encaminhar o caso para
                                    autoridade judicial.
```

VIII – forem desrespeitados os princípios de que trata o art. 21, § 2º

Como visto neste capítulo, os princípios constantes no parágrafo 2º do art. 21 da Lei de Arbitragem são: (i) princípio do contraditório; (ii) princípio da igualdade das partes;

(iii) princípio da imparcialidade do árbitro; e (iv) princípio do livre convencimento.

Convém apontar especificamente as possíveis condutas de violação dos respectivos princípios. Com relação ao princípio da imparcialidade, a violação ocorre quando o árbitro incorre em alguma das hipóteses de impedimento ou suspeição, como descrito no art. 14 da Lei de Arbitragem:

> Art. 14. Estão impedidos de funcionar como árbitros as pessoas que tenham, com as partes ou com o litígio que lhes for submetido, algumas das relações que caracterizam os casos de impedimento ou suspeição de juízes, aplicando-se-lhes, no que couber, os mesmos deveres e responsabilidades, conforme previsto no Código de Processo Civil. (Brasil, 1996)

Ou seja, existindo causa – tais como vínculo de amizade ou familiar –, o árbitro deve declarar seu impedimento com vistas a manter a integralidade do procedimento arbitral. Sobre esse ponto, vale destacar o posicionamento constante nos Enunciados 97 e 110, ambos da II Jornada Prevenção e Solução Extrajudicial de Litígios, promovida pelo Conselho da Justiça Federal (2021).

Enunciado 97

O conceito de dúvida justificada na análise da independência e imparcialidade do árbitro deve observar critério objetivo e ser efetuado na visão de um terceiro que, com razoabilidade, analisaria a questão levando em consideração os fatos e as circunstâncias específicas.

Justificativa: Segundo o art. 14, § 1º, da Lei de Arbitragem, os candidatos a árbitro têm o dever de revelar qualquer fato que denote dúvida justificada à sua imparcialidade ou independência. O art. 15 trata do pedido de recusa do árbitro ou impugnação. No julgamento da impugnação de árbitro, segundo as regras da Câmara Arbitral escolhida e posteriormente, na eventualidade de uma ação anulatória nos termos do art. 32, o julgador deve levar em consideração critérios objetivos, na visão de um terceiro razoável, e não sob o prisma subjetivo das partes.

Enunciado 110

A omissão do árbitro em revelar às partes fato que possa denotar dúvida quanto à sua imparcialidade e independência não significa, por si só, que esse árbitro seja parcial ou lhe falte independência, devendo o juiz avaliar a relevância do fato não revelado para decidir ação anulatória.

Justificativa: O dever de revelação do árbitro em relação a fatos que possam suscitar dúvida justificada quanto à sua imparcialidade e independência é consagrado no art. 14, § 1º, da Lei n. 9.307/1996. Trata-se de obrigação relevante que garante a integridade do processo arbitral. Há, no entanto, um certo grau de subjetividade quanto ao que deve ou não ser revelado, seja em virtude da falta de critérios objetivos na legislação e nos regulamentos das instituições arbitrais quanto a fatos que não precisam ser revelados, seja até mesmo por conta da adoção de critérios diferentes. Assim, a falta de revelação por si só não denota má-fé do árbitro ou o comprometimento de sua imparcialidade ou independência. Ao apreciar a eventual anulação da sentença em razão da falta de revelação do árbitro, o juiz deve considerar vários elementos. É preciso averiguar se a parte já sabia ou deveria saber daquele fato alegadamente

> omitido (ou seja, se houve de fato uma omissão do árbitro ou se a parte esperou o resultado da arbitragem para fazer a alegação da omissão) e se o fato eventualmente não revelado é mesmo relevante para colocar em dúvida a independência e imparcialidade do árbitro, ou se é fato que, ainda que houvesse sido revelado, não teria o condão de levar à impugnação ou remoção do árbitro. Neste sentido, cite-se o recente julgamento da Suprema Corte do Reino Unido no caso Halliburton v Chubb, em que se entendeu que a falta de revelação não corresponde necessariamente a uma violação do dever de independência e imparcialidade do árbitro, devendo ser averiguadas as circunstâncias de cada caso.

Fonte: Jornada Prevenção e Solução Extrajudicial de Litígios, 2021, p. 12, 16.

Pela leitura desses enunciados, depreende-se que a violação da imparcialidade exige do julgador uma análise de critérios objetivos, considerando a gravidade da violação. Assim, é possível que o julgador utilize como parâmetro objetivo de verificação as hipóteses traçadas no CPC (Lei n. 13.105/2015), *in verbis*:

> Art. 144. Há impedimento do juiz, sendo-lhe vedado exercer suas funções no processo:
>
> I – em que interveio como mandatário da parte, oficiou como perito, funcionou como membro do Ministério Público ou prestou depoimento como testemunha;
>
> II – de que conheceu em outro grau de jurisdição, tendo proferido decisão;
>
> III – quando nele estiver postulando, como defensor público, advogado ou membro do Ministério Público, seu cônjuge ou companheiro, ou qualquer parente, consanguíneo ou afim, em linha reta ou colateral, até o terceiro grau, inclusive;

IV – quando for parte no processo ele próprio, seu cônjuge ou companheiro, ou parente, consanguíneo ou afim, em linha reta ou colateral, até o terceiro grau, inclusive;

V – quando for sócio ou membro de direção ou de administração de pessoa jurídica parte no processo;

VI – quando for herdeiro presuntivo, donatário ou empregador de qualquer das partes;

VII – em que figure como parte instituição de ensino com a qual tenha relação de emprego ou decorrente de contrato de prestação de serviços;

VIII – em que figure como parte cliente do escritório de advocacia de seu cônjuge, companheiro ou parente, consanguíneo ou afim, em linha reta ou colateral, até o terceiro grau, inclusive, mesmo que patrocinado por advogado de outro escritório;

IX – quando promover ação contra a parte ou seu advogado.

[...]

Art. 145. Há suspeição do juiz:

I – amigo íntimo ou inimigo de qualquer das partes ou de seus advogados;

II – que receber presentes de pessoas que tiverem interesse na causa antes ou depois de iniciado o processo, que aconselhar alguma das partes acerca do objeto da causa ou que subministrar meios para atender às despesas do litígio;

III – quando qualquer das partes for sua credora ou devedora, de seu cônjuge ou companheiro ou de parentes destes, em linha reta até o terceiro grau, inclusive;

IV – interessado no julgamento do processo em favor de qualquer das partes.

§ 1º Poderá o juiz declarar-se suspeito por motivo de foro íntimo, sem necessidade de declarar suas razões.

§ 2º Será ilegítima a alegação de suspeição quando:

I – houver sido provocada por quem a alega;

II – a parte que a alega houver praticado ato que signifique manifesta aceitação do arguido. (Brasil, 2015a)

Outra hipótese de violação da imparcialidade, conforme explicita o Enunciado 110, ocorre quando há suspeita quanto ao exercício do dever de revelação do árbitro em relação a fatos relacionados à sua parcialidade, sendo indispensável para a apuração do descumprimento desse dever uma análise igualmente objetiva, conforme critérios indicativos constantes no enunciado.

É possível verificar que a violação ao princípio do contraditório apresenta vinculação com princípio da imparcialidade, visto que o árbitro não é parte e, portanto, não pode manter qualquer tipo de vínculo com as partes. Também na hipótese de violação ao princípio do contraditório e da igualdade entre as partes ocorre a parcialidade do árbitro concretizada em um tratamento desigual, seja conferindo prazo inexistente, seja indeferindo a produção de alguma prova.

As partes, durante todo o processo arbitral, devem ter as mesmas oportunidades e os mesmos mecanismos processuais para a defesa de seus interesses. Assim, quando o árbitro pratica algum ato que favoreça uma das partes em detrimento da outra, configurada está a violação do princípio.

A violação do princípio do livre convencimento também está intimamente relacionada com o princípio da imparcialidade, tendo em vista que o árbitro não está vinculado a valores e provas produzidas.

Nessa ordem de ideias, a observância do princípio da imparcialidade é exigida também no processo de conciliação e mediação. Para o autor Ronit Zamir (citado por Takahashi et al., 2019), é indispensável que o conciliador ou mediador estabeleça uma relação de confiança com as partes, sendo que isso ocorre por meio do comportamento claro, transparente e acessível.

Cabe enfatizar que não existe incompatibilidade entre a imparcialidade e a ética do cuidado. Ainda que possa existir um tensionamento em razão do distanciamento pressuposto da imparcialidade, a ética do cuidado está atrelada ao tratamento cordial. Dessa forma, a ética do cuidado exige a identificação do interesse e das necessidades das partes para que seja possível estabelecer o consenso cooperativo para a realização da sessão de mediação ou de conciliação (Takahashi et al., 2019).

Diferentemente do que ocorre no processo arbitral, tanto na conciliação quanto na mediação é admissível, limitadamente, uma maior proximidade do mediador ou do conciliador, com intuito estratégico, a depender da complexidade do caso concreto. A finalidade é estabelecer a comunicação entre as partes, requisito indispensável para a construção da solução do conflito. Nesse sentido, a atuação mais ativa do terceiro facilitador é aceitável, desde que respeitados os limites objetivos.

Insta pontuar que, nas hipóteses de desequilíbrio entre as partes, especialmente nos casos em que a outra parte é órgão da Administração Pública, é admissível que o terceiro facilitador forneça mais informações para uma das partes como representação de atenção e cuidado, a fim de estabelecer tratamento igualitário entre as partes (Takahashi et al., 2019).

Por fim, é preciso notar que os dilemas éticos são casuísticos e decorrem da inobservância dos princípios fundamentais, constituindo-se em fator máximo de prevenção desses dilemas a qualidade na formação do agente (conciliador, mediador ou árbitro), que deve ser consciente da irrenunciabilidade da conduta isenta de interesses pessoais para a prevalência dos limites éticos (Takahashi et al., 2019).

3.8 A ética e sua aplicação na prática da arbitragem, da conciliação e da mediação

O intento deste estudo é apresentar notas introdutórias sobre a ética, a distinção entre esta e a moral e o nível de permeabilidade nos modelos de relações humanas.

Como exaustivamente reiterado ao longo deste texto, onde há ser humano, há ética. Tal conclusão, lógica, não foge da obviedade identificada e propagada pelo filósofo Aristóteles.

Ora, a prática da ética está intimamente relacionada com o exercício da racionalidade, daí a constatação de que a ética é inerente à condição de ser humano. O homem nasce para ser ético.

Isso significa dizer que o ser humano deve submeter seus instintos ao uso da racionalidade, pois apenas desse modo terá clareza para praticar as virtudes.

O exercício da ética é o domínio dos instintos. É um verdadeiro exercício mental, uma espécie de dieta mental, visto que o exercício do autodomínio diante da facilidade e da imediaticidade de resposta ao instinto é visceral. É, igualmente, sentido.

Portanto, a formação ética precede qualquer código de ética profissional. Exige-se do sujeito, comprometido com sua natureza de ser humano, o exercício do autoconhecimento como principal meio para a conscientização de suas vulnerabilidades, a fim de que possa, então, exercitar as virtudes de combate aos vícios.

O autoconhecimento é a primeira fase na busca pelo comportamento ético. Como dito, não é possível dissociar a formação do sujeito, como o indivíduo, da formação profissional. As habilidades, características e vulnerabilidades pessoais acompanham o profissional e influenciam em seu desempenho.

Em uma segunda fase – objetiva –, deve-se buscar o aprimoramento profissional constante, sobretudo no desenvolvimento pessoal, com o aperfeiçoamento das técnicas de comunicação e negociação, quando possível, com a finalidade de ofertar às partes uma condução isenta capaz de gerar resultado satisfatório.

A terceira fase – prática –, indispensável à formação ética do profissional, inclui o domínio das técnicas específicas aplicáveis na mediação e na conciliação, o que favorecerá a apreensão do conteúdo dos princípios e dos deveres a serem observados quando de sua atuação profissional. Nesse sentido, as afirmações de Tânia Lobo Muniz (2009, p. 106) corroboram a necessidade de "formulação de padrões de comportamento práticos e éticos, essenciais para modelar e estruturar essa área da administração de conflitos e, para estabelecer um parâmetro, uma fundação para a atividade profissional da mediação".

Ainda, a relevância dos códigos de ética, conforme Eduardo Bittar (2002), reflete-se na clareza sobre os mandamentos prescritivos, o que permite o controle corporativo, institucional e social sobre as responsabilidades assumidas para o desempenho da função.

Assim, no comportamento ético dos mediadores, além da vinculação com o desenvolvimento pessoal e íntimo do indivíduo, também é possível traçar pontos fundamentais como linha mestra do comportamento. A abordagem dos princípios apresentados neste terceiro capítulo tem essa finalidade. Contudo, ainda é possível citar os nove pontos do modelo padrão de conduta para mediadores desenvolvido pelo comitê ADR (*Alternative Dispute Resolution*), composto pela American Arbitration Association (AAA), pela American Bar Association (ABA) e pela Society of Professionals in Dispute Resolution (SPDR), conforme Morais (1999).

Quadro 3.6 – Padrão de conduta para mediadores

PONTOS	O QUE É?
Autodeterminação	O acordo proveniente de uma sessão de mediação deve ser voluntário, sem qualquer imposição ou coerção.
Imparcialidade	O mediador deve manter durante todo o processo de mediação posicionamento equidistante das partes e da situação, bem como a responsabilidade e a consciência de mediar casos com a certeza de que manterá um posicionamento idôneo em relação a tal princípio.
Conflito de Interesse	O mediador tem a responsabilidade e o dever de informar as partes sobre a possibilidade ou a existência concreta de qualquer conflito de interesse. Imediatamente após a comunicação, deve se afastar do processo.
Competência	O mediador deve apresentar qualificações (treinamento, experiência profissional etc.) específicas para alcançar com efetividade o resultado esperado pelas partes.
Confidencialidade	Deve o mediador manter sigilo sobre informações que alguma das partes solicite.
Qualidade do processo	Deve o mediador agir com diligência e justiça, no intuito de garantir a qualidade do processo e desenvolver o mútuo respeito entre os envolvidos.
Anúncios ou solicitações	O mediador deve primar pela verdade não só no curso do processo, mas também antes dele, ou seja, ao oferecer-se como mediador. Deve o mediador primar pela verdade das informações durante todo o processo de mediação, sendo vedada a conduta de promessas e garantias de resultados.
Custos	O mediador deve apresentar informações claras às partes sobre o custo do processo de mediação.

(*continua*)

(Quadro 3.6 – conclusão)

PONTOS	O QUE É?
Obrigações para com o processo da mediação	O mediador deve manter o compromisso com o dever assumido de conduzir o processo de mediação com a aplicação das técnicas apropriadas e, ainda, com a observação dos deveres legais.

Fonte: Elaborado com base em Morais, 1999.

Como é possível observar, esse modelo desenvolvido nos Estados Unidos permite estabelecer uma uniformização nos procedimentos comportamentais a serem adotados especialmente na mediação, o que contribui, de forma substancial, para a fixação de limites objetivos que garantam a segurança, a transparência e a eficiência do método.

Ademais, acerca da ética sob a ótica da arbitragem, cabe ressaltar que o árbitro exerce uma função social, a qual consiste em entregar às partes a resolução do conflito. Para tanto, no exercício de sua função, exigem-se do árbitro a observância da imparcialidade e o cumprimento do dever de revelação, o que implica, inclusive, o eventual reconhecimento de sua inabilidade técnica para proferir uma sentença arbitral em determinado caso. Nessa linha, José Carlos de Magalhães (2017, citado por Gonçalves, 2019, p. 40) defende como deveres éticos do árbitro as seguintes condutas:

> (i) dever de clareza, refletido na produção de decisões claras, de fácil compreensão e leitura; (ii) dever de manutenção da confiança entre os envolvidos no procedimento arbitral, ou seja, assegurar às partes que todos os fatos e motivos que possam levar a uma perda na confiança estão expostos à mesa; (iii) dever de examinar todos os fundamentos e pretensões trazidas aos autos, que envolve avaliar todos os argumentos e provas apresentados pelas partes no bojo do procedimento arbitral; e (iv) dever de julgar a controvérsia com liberdade, no qual o árbitro tem liberdade para decidir a controvérsia consoante as provas nos autos.

Com efeito, o recomendado é a adoção de treinamento constante dos mediadores e dos conciliadores, tanto no âmbito extrajudicial quanto no judicial, sendo que a Câmara Privada de Arbitragem deve promover o processo avaliativo e o treinamento sobre a condução ética, com o reforço da motivação – conforme a concepção da ética convencional de Laura Nash – para o cumprimento dos deveres éticos previstos no respectivo código de ética.

Síntese

O quadro a seguir sintetiza as temáticas tratadas neste capítulo.

Quadro 3.7 – Síntese do capítulo

	ARBITRAGEM	CONCILIAÇÃO	MEDIAÇÃO
PREVISÃO LEGISLATIVA	Lei n. 9.307/1996	Código de Processo Civil (CPC)	Código de Processo Civil (CPC) e Lei n. 13.140/2015
NATUREZA JURÍDICA	Heterocomposição	Autocomposição	Autocomposição
	Extrajudicial	Extrajudicial ou judicial	Extrajudicial ou judicial
CARACTERÍSTICAS	As partes, por ato volitivo e consensual, elegem um terceiro imparcial – que pode ser um árbitro ou até mesmo um tribunal arbitral –, o qual terá a incumbência de solucionar a controvérsia com observância da legislação pertinente ao caso.	O conciliador participa de modo ativo por meio da construção da comunicação entre as partes e, ainda, tem poder opinativo, isto é, pode influenciar no compromisso entre os participantes por meio de sugestões de possibilidades para a resolução do conflito.	O mediador tem como função restabelecer o canal de comunicação entre as partes. Não pode opinar ou sugerir propostas para solucionar o conflito.

Consultando a legislação

Os conceitos sobre os princípios aplicáveis e exigidos em cada caso foram expostos com a finalidade de abordar sua aplicação. Contudo, convém ainda citar os dispositivos legais que disciplinam a matéria.

No âmbito da arbitragem, a Lei n. 9.307, de 23 de setembro de 1996, determina:

> Art. 21. A arbitragem obedecerá ao procedimento estabelecido pelas partes na convenção de arbitragem, que poderá reportar-se às regras de um órgão arbitral institucional ou entidade especializada, facultando-se, ainda, às partes delegar ao próprio árbitro, ou ao tribunal arbitral, regular o procedimento.
>
> § 1º Não havendo estipulação acerca do procedimento, caberá ao árbitro ou ao tribunal arbitral discipliná-lo.
>
> § 2º Serão, sempre, respeitados no procedimento arbitral os princípios do contraditório, da igualdade das partes, da imparcialidade do árbitro e de seu livre convencimento.
>
> § 3º As partes poderão postular por intermédio de advogado, respeitada, sempre, a faculdade de designar quem as represente ou assista no procedimento arbitral.
>
> § 4º Competirá ao árbitro ou ao tribunal arbitral, no início do procedimento, tentar a conciliação das partes, aplicando-se, no que couber, o art. 28 desta Lei.

Já a mediação e a conciliação foram disciplinadas pela Lei n. 13.140, de 26 de junho de 2015:

Art. 2º A mediação será orientada pelos seguintes princípios:

I – imparcialidade do mediador;

II – isonomia entre as partes;

III – oralidade;

IV – informalidade;

V – autonomia da vontade das partes;

VI – busca do consenso;

VII – confidencialidade;

VIII – boa-fé.

§ 1º Na hipótese de existir previsão contratual de cláusula de mediação, as partes deverão comparecer à primeira reunião de mediação.

§ 2º Ninguém será obrigado a permanecer em procedimento de mediação.

Art. 3º Pode ser objeto de mediação o conflito que verse sobre direitos disponíveis ou sobre direitos indisponíveis que admitam transação.

§ 1º A mediação pode versar sobre todo o conflito ou parte dele.

§ 2º O consenso das partes envolvendo direitos indisponíveis, mas transigíveis, deve ser homologado em juízo, exigida a oitiva do Ministério Público.

A leitura do texto legal é indispensável para a compreensão do tema tratado ao longo desta obra. Cabe observar que a previsão legal não tem como objetivo explicitar ou conceituar cada um dos princípios. A previsão é precisa ao destacar apenas a literalidade dos termos. Portanto, o estudo do tema não pode estar restrito ao texto legal. Deve, sim, ser o início da investigação.

Questões para revisão

1) É possível separar a ética na vida pessoal da ética na vida profissional?

2) Qual é o papel da ética profissional?

3) (Icap – 2016 – Prefeitura de Santiago do Sul/SC – Psicólogo) Assinale a alternativa que completa a lacuna corretamente. A _____ é um dos vários métodos chamados de alternativos para a resolução de _____, que não visa pura e simplesmente ao_____, mas atingir a satisfação dos interesses e das necessidades dos envolvidos no _____.

   a. mediação – negociação – conflito – acordo.
   b. mediação – conflitos – acordo – conflito.
   c. mediação – arbitragem – conflito – acordo.
   d. arbitragem – mediação – acordo – conflito.

4) (TRT 2ª Região (SP) – 2016 – Juiz do Trabalho Substituto) Assinale a única alternativa INCORRETA:

   a. A mediação como uma técnica de composição dos conflitos é caracterizada pela participação de um terceiro, supra partes, o mediador, cuja função é ouvir as partes e formular propostas.
   b. Tendo-se iniciado a ação judicial podem as partes se socorrer da mediação.
   c. Segundo a Lei nº 9.307/96 que disciplinou por completo a arbitragem no Brasil, dando novo alento à sua utilização, ela é um processo de solução de conflitos jurídicos pelo qual o terceiro, estranho aos interesses

das partes, tenta conciliar e, sucessivamente, decide a controvérsia.

d. A utilização da arbitragem está adstrita a direitos passíveis de serem transacionados, ou seja, direitos de índole patrimonial, sendo possível utilizá-la em matéria de Direito de Família, Direito Penal, Falimentar e Previdenciário.

e. A arbitragem é uma forma de solução de conflitos entre indivíduos.

5) (FCC – 2015 – DPE-SP – Defensor Público) Em relação ao estudo de métodos alternativos de solução de conflitos, é correto afirmar:

a. A importância da conciliação remonta à Constituição do Império, 1824, século XIX, que já dispunha no seguinte sentido: "sem se fazer constar que se tem intentado o meio da reconciliação, não se começará processo algum". Este tema passou a se destacar na década de 70, a partir do movimento da mediação que surgiu como resposta a uma situação de crise nas instituições promotoras de socialização, tais como a família e a escola, na interação delas com outros setores da comunidade, como a igreja, bairro, vizinhança, dentre outros. Assim, a mediação surge como um desses novos modelos pós-modernos, que acredita na interconexão de diferentes linguagens, pautadas pela criatividade e pela aptidão de desenvolver soluções inéditas.

b. São princípios da mediação, segundo a doutrina: liberdade das partes; não competividade; poder de decisão das partes; participação de terceiro imparcial; formalidade procedimental; confidencialidade do processo.

c. É vedada a mediação que recaia sobre direitos da personalidade, diante das características da irrenunciabilidade e da indisponibilidade, protegendo-se o patrimônio jurídico mínimo do ser humano, o que inclui todos os aspectos, inclusive a negociação da questão patrimonial que decorra deles. Por sua vez, na mediação que verse sobre obrigação alimentar referendada pela Defensoria Pública, ainda que não homologada judicialmente, não há limitação à aplicação da execução mediante coação pessoal.

d. A formação acadêmica tradicional é considerada um dos obstáculos para a implementação de formas alternativas de resolução de conflitos (ADRs – *alternative dispute resolutions*), já que aquela é voltada para a solução contenciosa e adjudicada dos conflitos de interesses instituindo uma verdadeira cultura da justiça adversarial. Nesse sentido, as ADRs objetivam substituir a atividade jurisdicional clássica, para que se configure um sistema eficiente e adequado – relação de substitutividade entre as formas de composição de conflitos.

e. As técnicas de conciliação e mediação integram a segunda onda renovatória de acesso à justiça, inseridas enquanto alternativa à morosidade processual agravada a partir da democratização dos tribunais, assim como aos custos do processo e o baixo grau de pacificação social de decisões imperativas, propiciando a restauração de um relacionamento complexo e prolongado.

QUESTÕES PARA REFLEXÃO

1) Qual é o objetivo da mediação? Explique.
2) Explique a diferença entre conciliação e mediação.

considerações finais

A investigação dos conceitos e da matéria sobre a aplicação da ética no âmbito dos métodos alternativos de resolução de conflitos tem como pano de fundo a emergência do estudo do tema, sobretudo pela necessidade cada vez mais em evidência de construção de relações éticas, confiáveis e transparentes.

O que se percebe é que a justiça, no sentido de um bem a ser atingido, pode ser alcançada por meio de vários caminhos colocados à disposição, pela legislação, daqueles que desejam solucionar um conflito de maneira justa. O encaminhamento se dará por adequação, em que a parte interessada verificará qual é o meio mais adequado para a solução de determinada controvérsia.

Fato é que acesso à justiça significa acesso à solução adequada de um conflito, que o Estado tem o dever de promover, encaminhando o caso ao meio adequado de solução. Dessa forma, deve o operador do direto mudar sua visão sobre o processo, passando a buscar a solução do conflito não necessariamente pela via jurisdicional.

Para existir confiança, são essenciais a transparência e a segurança sobre o procedimento a ser adotado, as regras aplicáveis, a previsibilidade de condutas, bem como a veracidade sobre as informações, com abstenção de promessas e garantias de resultados.

Assim, os códigos de ética funcionam como documentos formais que sistematizam as orientações sobre os deveres, sobre a conduta esperada, principalmente do terceiro facilitador (conciliador, mediador ou árbitro), o que contribui para a credibilidade dos métodos alternativos de resolução de conflitos, não apenas pela satisfação decorrente dos resultados, mas, principalmente, pelo compromisso com a alta qualidade técnica associada aos mais rígidos princípios éticos.

Portanto, o tema é de extrema relevância. Como mencionamos, a vigilância pelo comportamento ético de conciliadores, mediadores e árbitros ajuda, substancialmente, a transformar a cultura baseada no litígio, passando-se da mentalidade adversarial para a colaborativa, o que contribui, por conseguinte, para a celeridade da justiça, a qualidade de vida e o estabelecimento de relações com elevado nível de maturidade.

O grau de dificuldade para a aplicação prática do conteúdo aqui exposto está centrado em dois pontos principais: (i) o comprometimento individual do sujeito, aqui retomando a lição angular do método socrático e da fundamentalidade do autoconhecimento para praticar e internalizar, com habitualidade, as virtudes; e (ii) o contexto ambiental, o engajamento, a motivação.

Nesse contexto, a lição identificada e abordada pela autora Laura Nash (1993), concernente à ética aplicada aos negócios, também tem sua aplicação na mediação, no sentido de que o primeiro ponto a ser questionado e almejado é o reforço da motivação correta.

Não é admissível que um tema tão precioso, fundamental e responsável por melhorar a qualidade das relações humanas seja tratado de modo tão objetivo e padronizado. É preciso sentir! Afinal, o ser humano é o representante da espécie, aquele que sente e o único capaz de verbalizar como sente.

Atribuir sentido ao comportamento ético é, antes de mais nada, essencial para avançar e conquistar cada vez mais espaço na realidade em geral, não apenas no âmbito profissional.

É necessário investir na formação do indivíduo, pois, como visto no primeiro capítulo, o exercício da ética tem início com a prática do autoconhecimento e do exercício habitual das virtudes, com plena consciência das próprias limitações e da forma como se pode enfrentá-las, aprimorando-se diariamente.

O exercício é diário. A ética é a dieta da alma. Requer disciplina, meditação, reflexão, além do confronto consciente com o que há de pior, uma vez que só é possível melhorar quando se identifica o que há de ruim. Sem isso, nada pode ser feito.

Estudo de caso 1

Na cidade de Foz do Iguaçu, no mês de janeiro do ano de 2020, Maria, a sócia da empresa YH Empreendimentos Ltda., celebrou contrato de prestação de serviços com a empresa OM Assessoria em Marketing Ltda. O objeto do contrato era a elaboração de propagandas e a criação de um *site* institucional da empresa. Também havia previsão no contrato acerca dos resultados de acessos e retornos de usuários, bem como do alcance das propagandas contratadas.

Contudo, ao longo do contrato, diversos erros foram constatados, sem a entrega do resultado prometido pela empresa OM Assessoria em Marketing Ltda. Assim, no mês de outubro de 2020, a empresa YH Empreendimentos Ltda. decidiu rescindir o contrato de prestação de serviços por meio de uma ação arbitral, haja vista a previsão contratual de cláusula arbitral.

Na cláusula arbitral constava que o foro competente para a resolução do conflito seria a Câmara Arbitral de Jacarezinho-PR.

Após a propositura da petição inicial, as partes foram intimadas para a audiência inicial. A audiência foi realizada em 15 de fevereiro de 2021, na modalidade virtual, e o representante da empresa OM Assessoria em Marketing Ltda. não compareceu. Em momento posterior, o advogado representante da empresa demandada apresentou justificativa para a ausência e requisitou nova data de audiência. Tal conduta se repetiu por duas vezes, sem que a empresa OM Assessoria em Marketing Ltda. comparecesse para o ato.

Após o transcurso de oito meses sem conseguir realizar a audiência inicial, o árbitro designou data para audiência para depoimento das partes e oitiva de testemunhas. Nessa ocasião, a empresa OM Assessoria em Marketing Ltda. compareceu com supostas testemunhas que não foram previamente identificadas, contrariando o que fora requisitado pelo árbitro.

Durante a realização da audiência, notou-se uma confusão de informações prestadas pelas testemunhas indicadas pela OM Assessoria em Marketing Ltda. Suspeitou-se, portanto, que as testemunhas eram tendenciosas, isto é, sem ânimo de dizer a verdade. Além disso, o advogado representante da empresa demandada adotou comportamento desrespeitoso com a representante da empresa YH Empreendimentos Ltda., com perguntas inapropriadas lançadas com certo sarcasmo. Fato é que a audiência foi um verdadeiro tumulto. Você é o árbitro do presente caso. Qual conduta adotar para manter a validade do procedimento em curso?

Resposta: Nessa situação, verifica-se que o tumulto causado intencionalmente pela parte demandada OM Assessoria em Marketing Ltda. afetou o andamento do processo arbitral, especialmente em razão da suspeita de isenção de ânimo das testemunhas, bem como pela atuação do advogado, que desrespeitou a parte depoente. Nessas situações, deve o árbitro, como juiz de fato e de direito, assegurar o cumprimento da previsão legal, ou seja, garantir o contraditório, com registro de todos os atos. Ainda, em face do comportamento do advogado e da empresa, o qual teve o fito de prejudicar o processo arbitral, compreendido como "táticas de guerrilha", deve o árbitro adotar posicionamento rígido, sem, porém, estabelecer punição direcionada, uma vez que deve ser assegurado o princípio do contraditório e da ampla defesa, sob pena de nulidade da sentença arbitral. Com relação aos atos ilícitos cometidos durante o processo arbitral, o árbitro deve encaminhar notificação com informações para as autoridades competentes a fim de que tomem as providências cabíveis.

Estudo de caso 2

Em fevereiro de 2021, João recebeu uma proposta para trabalhar na função de ajudante na serralheria de Davi. Após alguns meses de trabalho, João estava descontente com o ambiente de trabalho, pois, rotineiramente, Davi era grosseiro com João, inclusive na frente de clientes. Somaram-se a esse fato constantes atrasos no pagamento do salário. João já não aguentava mais a situação, e então, logo depois de completar um ano de contrato de trabalho, resolveu não comparecer mais ao local de trabalho.

Davi, dono da serralheria, ficou furioso com a falta de João ao trabalho e resolveu ir até a casa deste, a qual fica na mesma rua da serralheria. Davi não encontrou João, então resolveu deixar um bilhete com várias ofensas direcionadas ao João e sua família.

João, que estava já em outro trabalho, quando chegou em casa e viu o bilhete, ficou extremamente abalado ao ler as injúrias lançadas por Davi. Nesse momento, resolveu procurar um advogado para tratar do caso.

Em ação trabalhista, mesmo notificado da audiência, Davi não compareceu e não apresentou defesa. Nesse contexto, em sentença, o juiz decidiu aplicar a pena de revelia, com a condenação de Davi ao pagamento do valor de R$ 30.000,00. Com o início da fase de execução do crédito, dificuldades foram aparecendo, pois Davi não possuía bens em seu nome. Nesse momento, o processo foi remetido para o setor de mediação e conciliação do tribunal.

Iniciada a sessão, as partes compareceram com os respectivos advogados representantes. Davi e João estavam propensos a um acordo. No entanto, o advogado do autor começou a dificultar a negociação com informações desconexas e irrelevantes, até o momento em que os advogados começaram a trocar acusações de conduta antiética. Nesse momento, iniciou-se uma discussão entre os advogados. Você é o conciliador. O que fazer?

> **Resposta**: Pelo princípio orientador da conciliação, é dever do conciliador retomar a atenção das partes presentes, inclusive dos advogados, justamente para acalmar os ânimos. Assim, deve o aluno refletir sobre os princípios norteadores da conciliação e, com base nessa reflexão, responder como deve ocorrer a condução nesses casos. Ainda que não seja magistrado, deve o conciliador prezar pela solenidade do ato, especialmente porque há o princípio da confidencialidade dos atos praticados durante a

sessão de conciliação ou mediação. De todo modo, não é admitido que as partes – até mesmo seus procuradores – atuem com desrespeito e cometam atos ilícitos, isto é, o princípio da confidencialidade, como visto, não é ilimitado, pois, quando a parte pratica algum crime, o conciliador ou mediador tem como dever registrá-lo e reportá-lo às autoridades competentes.

referências

ABBUD, A. A. C. Arbitragem no Brasil: Pesquisa CBAr-Ipsos. **CBAr & Ipsos**, 2011. Disponível em: <http://www.cbar.org.br/PDF/Pesquisa_CBAr-Ipsos-final.pdf>. Acesso em: 30 ago. 2023.

AHLERT, A. **A eticidade da educação**: o discurso de uma práxis solidária/universal. 2. ed. Ijuí: Unijuí, 2003 (Coleção Fronteiras da Educação).

ALOISIO, V. **Co-mediación**: aporte emocional para fortalecer la relación com el otro. Buenos Aires: Ad Hoc, 1997. (Série Resolución Alternativa de Disputas).

ALVAREZ, G. S. Ser um mestre em mediação? In: CASELLA, P. B.; SOUZA, L. M. (Coord.). **Mediação de conflitos**: novo paradigma de acesso à justiça. Belo Horizonte: Fórum, 2009. p. 39-48.

ANDREOLA, B. A. Ética e solidariedade planetária. **Estudos Teológicos**, São Leopoldo, v. 41, n. 2, p. 18-38, 2001. Disponível em: <http://revistas.est.edu.br/index.php/ET/article/view/1463>. Acesso em: 10 set. 2023.

ANDRIGHI, F. N. A arbitragem: solução alternativa de conflitos. **Revista da Escola Superior da Magistratura do Distrito Federal**, n. 2, p. 149-173, maio/ago., 1996.

ANTONIK, L. R. **Compliance, ética, responsabilidade social e empresarial**: uma visão prática. Rio de Janeiro: Alta Brooks, 2016.

ARAÚJO, A. B. A.; MACHADO, L. O.; FERREIRA, M. M. A. Entidades fiscalizadoras superiores e a Agenda 2030 para o Desenvolvimento Sustentável: o Tribunal de Contas da União do Brasil. **Meridiano 47**, v. 21, e2100, jul. 2020. Disponível em: <https://periodicos.unb.br/index.php/MED/article/view/29991>. Acesso em: 10 set. 2023.

ARISTÓTELES. **Ética a Nicômaco**. Tradução de Mário da Gama Kury. 3. ed. Brasília: Ed. da UnB, 1999.

ARISTÓTELES. **Ética a Nicômaco**. Tradução de António de Castro Caeiro. São Paulo: Atlas, 2009.

ARISTÓTELES. **Ethica Eudemia**. Oxford: Oxford University Press, 1991.

ARRUDA, M. C. C.; WHITAKER, M. C.; RAMOS, J. M. R. **Fundamentos de ética empresarial e econômica**. São Paulo: Atlas, 2001.

ARRUDA, N. A. de. **Educação jurídica e razão comunicativa**: em busca de uma teorização para a sala de aula. 204 f. Dissertação (Mestrado em Direito) – Universidade Federal de Santa Catarina, Florianópolis, 1997. Disponível em: <https://repositorio.ufsc.br/handle/123456789/106472>. Acesso em: 10 set. 2023.

ATALIBA, G. Mudança da Constituição. **RDP – Revista de Direito Público**, v. 21, n. 86, p. 181-186, abr./jun. 1988.

AZEVEDO, A. G. (Org.). **Manual de mediação judicial**. 6. ed. Brasília: CNJ, 2016. Disponível em: <https://www.cnj.jus.br/wp-content/uploads/2015/06/f247f5ce60df2774c59d6e2dddbfec54.pdf>. Acesso em: 30 ago. 2023.

BAIZEAU, D.; HAYES, T. The Arbitral Tribunal's Duty and Power to Address Corruption Sua Sponte. **International Arbitration and the Rule of Law: Contribution and Conformity**, ICCA Congress Series, v. 19, p. 225-265, Kluwer Law International 2017.

BAPTISTA, L. O. Ética e arbitragem. In: CARMONA, C. A.; LEMES, S. F.; MARTINS, P. B. (Coord.). **20 anos da Lei de Arbitragem**: homenagem a Petrônio R. Muniz. São Paulo: Atlas, 2017. p. 103-120.

BARRETT, J. T.; BARRETT, J. P. **A History of Alternative Dispute Resolution**: the Story of a Political, Social, and Social Movement. San Francisco: Jossey-Bass, 2004.

BASTOS, B. G. et al. Bioeconomia, economia circular e agroindústria 4.0: proposições para as transições tecnológicas emergentes. **Colóquio – Revista do Desenvolvimento Regional**, Taquara-RS, v. 19, n. 1, p. 312-338, jan./mar. 2022. Disponível em: <https://seer.faccat.br/index.php/coloquio/article/view/2375>. Acesso em: 15 maio 2024.

BESERRA, D. B. Conciliação sob o paradigma da comunicação não violenta (CNV): a experiência do Centro Judiciário de Solução de Conflitos e Cidadania (CEJUSC) da Justiça Federal em Petrolina/PE. **Revista Jurídica da Seção Judiciária de Pernambuco**, n. 14, p. 127-143, 2022. Disponível em: <https://revista.jfpe.jus.br/index.php/RJSJPE/article/view/261>. Acesso em: 4 mar. 2024.

BITTAR, E. C. B. **Curso de ética jurídica**: ética geral e profissional. São Paulo: Saraiva, 2002.

BOBBIO, N. **A era dos direitos**. Tradução de Carlos Nelson Coutinho. Rio de Janeiro: Elsevier, 2004.

BRAGHETTA, A. et al. (Coord.). Arbitragem e Poder Judiciário: uma radiografia dos casos de arbitragem que chegam ao Judiciário brasileiro. **Cadernos Direito FGV**, v. 6. n. 6, nov. 2009. Disponível em: <https://bibliotecadigital.fgv.br/dspace/handle/10438/6542>. Acesso em: 10 set. 2023.

BRASIL. Constituição (1988). **Diário Oficial da União**, Brasília, DF, 5 out. 1988. Disponível em: <https://www.planalto.gov.br/ccivil_03/constituicao/constituicao.htm>. Acesso em: 10 set. 2023.

BRASIL. Decreto-Lei n. 2.848, de 7 de dezembro de 1940. **Diário Oficial da União**, Poder Executivo, Brasília, DF, 31 dez. 1940. Disponível em: <https://www.planalto.gov.br/ccivil_03/decreto-lei/del2848compilado.htm>. Acesso em: 10 set. 2023.

BRASIL. Lei n. 9.307, de 23 de setembro de 1996. **Diário Oficial da União**, Poder Legislativo, Brasília, DF, 24 set. 1996. Disponível em: <https://www.planalto.gov.br/ccivil_03/leis/l9307.htm>. Acesso em: 30 ago. 2023.

BRASIL. Lei n. 13.105, de 16 de março de 2015. **Diário Oficial da União**, Poder Legislativo, Brasília, DF, 17 mar. 2015a. Disponível em: <http://www.planalto.gov.br/ccivIl_03/_Ato2015-2018/2015/Lei/L13105.htm>. Acesso em: 30 ago. 2023.

BRASIL. Lei n. 13.140, de 26 de junho de 2015. **Diário Oficial da União**, Poder Legislativo, Brasília, DF, 26 jun. 2015b. Disponível em: <https://www.planalto.gov.br/ccivil_03/_ato2015-2018/2015/lei/l13140.htm>. Acesso em: 30 ago. 2023.

BRASIL. Universidade de São Paulo. **Mediação e conciliação avaliadas empiricamente**: jurimetria para proposição de ações eficientes. Brasília: CNJ, 2019. (Justiça Pesquisa). Relatório analítico propositivo. Disponível em: <https://bibliotecadigital.cnj.jus.br/jspui/handle/123456789/321>. Acesso em: 10 jan. 2023.

BRESSER-PEREIRA, L. C. **Desenvolvimento e crise no Brasil**: entre 1930 e 1968. Rio de Janeiro: Zahar, 1968.

BUZZI, M. A. G. Movimento pela conciliação: um breve histórico. In: RICHA, M. A.; PELUSO, A. C. (Coord.). **Conciliação e mediação**: estruturação da política judiciária nacional. Rio de Janeiro: Forense, 2011. p. 41-60.

CABRAL, M. M. **Os meios alternativos de resolução de conflitos**: instrumentos de ampliação do acesso à justiça. Porto Alegre: TJRS, 2013. (Coleção Administração Judiciária, v. XIV).

CADIET, L. Los acuerdos procesales en derecho francés: situación actual de la contractualización del proceso y de la justicia en Francia. **Civil Procedure Review**, v. 3, n. 3, p. 3-35, Aug./Dec. 2012. Disponível em: <https://civilprocedurereview.com/revista/article/download/32/29>. Acesso em: 10 set. 2023.

CAHALI, F. J. **Curso de arbitragem**: mediação, conciliação, Resolução CNJ 125/2010. 6. ed. São Paulo: RT, 2017.

CALMON, P. **Fundamentos da mediação e da conciliação**. 2. ed. Brasília: Gazeta Jurídica, 2013.

CAMPOS, A. P.; SOUZA, A. O. B. A conciliação e os meios alternativos de solução de conflitos no Império brasileiro. **Dados**, Rio de Janeiro, v. 59, n. 1, p. 271-298, mar. 2016. Disponível em: <https://www.scielo.br/j/dados/a/nmQYFpykfJHRByqrybVCy8y/>. Acesso em: 10 set. 2023.

CANOTILHO, J. J. G. **Direito constitucional e teoria da constituição**. 5. ed. Coimbra: Almedina, 2002.

CAPIBERIBE, D. A. O princípio da boa-fé objetiva e sua evolução doutrinária e jurisprudencial ao longo dos 10 anos de edição do novo Código Civil. In: EMERJ – Escola de Magistratura do Estado do Rio de Janeiro. **10 anos do Código Civil**: aplicação, acertos, desacertos e novos rumos. Rio de Janeiro: Emerj, 2013. (Série Aperfeiçoamento de Magistrados, 13). v. 1. p. 117-124. Disponível em: <https://www.emerj.tjrj.jus.br/serieaperfeicoamentodemagistrados/paginas/series/13/volumeI/10anosdocodigocivil.pdf>. Acesso em: 10 set. 2023.

CARMONA, C. A. **Arbitragem e processo**: um comentário à Lei nº 9.307/96. 3. ed. São Paulo: Atlas, 2009.

CASELATO, S. A comunicação não violenta e seu criador. **Ecoa-UOL**, 2020. Disponível em: <https://sandracaselato.blogosfera.uol.com.br/2020/02/11/a-comunicacao-nao-violenta-e-seu-criador/>. Acesso em: 30 ago. 2023.

CAVE, B. Bribery and Corruption in International Arbitration. **BCLP – Bryan Cave Leighton Paisner**, May 2016. Disponível em: <https://www.bclplaw.com/en-US/events-insights-news/bribery-and-corruption-in-internationalarbitration.html>. Acesso em: 10 set. 2023.

CELANT, J. H. P. **A mediação e a conciliação como formas de responsabilidade e autonomia dos indivíduos na solução de conflitos**. 106 f. Dissertação (Mestrado em Ciência Jurídica) – Universidade do Vale do Itajaí, Itajaí, 2015. Disponível em: <http://repositorio.faculdadeam.edu.br/xmlui/handle/123456789/740>. Acesso em: 10 set. 2023.

CESCON, E. Direitos humanos e ética contemporânea. In: OLIVEIRA, M. de; AUGUSTIN, S. (Org.). **Direitos humanos**: emancipação e ruptura. Caxias do Sul: Educs, 2013. p. 31-39.

CHALITA, G. **Os dez mandamentos da ética**. Rio de Janeiro: Nova Fronteira, 2003.

CHASE, O. G. **Derecho, cultura y ritual**: sistemas de resolución de controversias en un contexto intercultural. Madrid: Marcial Pons, 2011.

CHAVES, F. F. D. **Contribuição dos fundamentos filosóficos da moral em Aristóteles e Kant na construção da ética militar**. Trabalho de Conclusão de Curso (Bacharelado em Ciências Militares) – Academia Militar das Agulhas Negras, Resende, 2019. Disponível em: <https://bdex.eb.mil.br/jspui/handle/123456789/6329>. Acesso em: 15 maio 2024.

CHIESI FILHO, H. **Um novo paradigma de acesso à Justiça**: autocomposição como método de solução de controvérsias e caracterização do interesse processual. Belo Horizonte: D'Plácido, 2019.

CINTRA, A. C. A.; GRINOVER, A. P.; DINAMARCO, C. R. **Teoria geral do processo**. 29. ed. São Paulo: Malheiros, 2013.

CLOSS, D. **Comunicação não violenta nas empresas**: importância e práticas da CNV. Disponível em: <https://endomarketing.tv/comunicacao-nao-violenta-nas-empresas/>. Acesso em: 28 ago. 2023.

CNJ – Conselho Nacional de Justiça. **Apresentação**: Conciliação. Disponível em: <https://www.cnj.jus.br/apresentacao-7/>. Acesso em: 10 set. 2023a.

CNJ – Conselho Nacional de Justiça. **Justiça em Números 2017**: ano-base 2016. Brasília, 2017. Disponível em: <https://www.cnj.jus.br/wp-content/uploads/2019/08/b60a659e5d5cb79337945c1dd137496c.pdf>. Acesso em: 10 maio 2022.

CNJ – Conselho Nacional de Justiça. **Justiça em Números 2023**. Brasília, 2023b. Disponível em: <https://www.cnj.jus.br/wp-content/uploads/2024/02/justica-em-numeros-2023-16022024.pdf>. Acesso em: 4 mar. 2024.

CNJ – Conselho Nacional de Justiça. Resolução n. 125, de 29 de novembro de 2010. **Diário de Justiça Eletrônico**, 1º dez. 2010. Disponível em: <https://atos.cnj.jus.br/atos/detalhar/156>. Acesso em: 10 maio 2022.

CNJ – Conselho Nacional de Justiça. Resolução n. 421, de 29 de setembro de 2021. **Diário de Justiça Eletrônico**, 6 out. 2021. Disponível em: <https://atos.cnj.jus.br/atos/detalhar/4150>. Acesso em: 4 mar. 2024.

CONDADO, E. C. G. **A arbitragem como instrumento eficaz de acesso à justiça**. 254 f. Dissertação (Mestrado em Direito) – Universidade Estadual de Londrina, Londrina, 2008. Disponível em: <http://www.dominiopublico.gov.br/download/teste/arqs/cp060136.pdf>. Acesso em: 10 set. 2023.

CONIMA – Conselho Nacional das Instituições de Mediação e Arbitragem. **Código de Ética para Árbitros**. Disponível em: <https://conima.org.br/site-em-construcao/arbitragem/codigo-etica-arbitros/>. Acesso em: 10 set. 2023a.

CONIMA – Conselho Nacional das Instituições de Mediação e Arbitragem. **Código de Ética para Mediadores**. Disponível em: <https://conima.org.br/mediacao/codigo-de-etica-para-mediadores/>. Acesso em: 10 set. 2023b.

CUNHA, L. C. Justiça multiportas: mediação, conciliação e arbitragem no Brasil. **Revista ANNEP de Direito Processual**, v. 1, n. 1, p. 140-162, jan./jun. 2020. Disponível em: <https://revistaannep.com.br/index.php/radp/article/view/33>. Acesso em: 10 set. 2023.

DECLARAÇÃO de Estocolmo sobre o Meio Ambiente Humano. 1972. Disponível em: <http://www.dhnet.org.br/direitos/sip/onu/doc/estoc72.htm>. Acesso em: 15 maio 2024.

DIDIER JR., F. Princípio do respeito ao autorregramento da vontade no processo civil. In: CABRAL, A. P.; NOGUEIRA, P. H. (Coord.). **Negócios processuais**. 2. ed. Salvador: Jus Podium, 2016. p. 31-35.

DIDIER JR., F. Princípio do respeito ao autorregramento da vontade no processo civil. **Revista do Ministério Público do Estado do Rio de Janeiro**, Rio de Janeiro, n. 57, p. 167-172, jul./set. 2015. Disponível em: <https://www.mprj.mp.br/documents/20184/1277781/Fredie_Didier_Jr.pdf>. Acesso em: 15 maio 2024.

DYLLICK, T.; HOCKERTS, K. Beyond the Business Case for Corporate Sustainability. **Business Strategy and the Environment**, v. 11, n. 2, p. 130-141, Mar./Apr. 2002. Disponível em: <https://www.researchgate.net/publication/36386947_Beyond_the_Business_Case_for_Corporate_Sustainability>. Acesso em: 10 set. 2023.

ELIAS, C. E. S. **Imparcialidade dos árbitros**. 252 f. Tese (Doutorado em Direito Processual) – Universidade de São Paulo, São Paulo, 2014. Disponível em: <https://www.teses.usp.br/teses/disponiveis/2/2137/tde-20022015-073714/pt-br.php>. Acesso em: 10 set. 2023.

ELKINGTON, J. Partnerships from Cannibals with Forks: the Triple Bottom Line of 21st-Century Business. **Enviromental Quality Management**, v. 8, n. 1, p. 37-51, 1998.

FAO – Organização das Nações Unidas para a Alimentação e a Agricultura. **Em conferência virtual da FAO, autoridades fazem apelo por mundo melhor**. 2021. Disponível em: <https://www.fao.org/brasil/noticias/detail-events/pt/c/1412810/>. Acesso em: 15 maio 2024.

FEARN, N. **Aprendendo a filosofar em 25 lições**: do poço de Tales à desconstrução de Derrida. Tradução de Maria Luiza X. de A. Borges. Rio de Janeiro: Zahar, 2004.

FERRY, L. **Aprender a viver**: filosofia para os novos tempos. Tradução de Véra Lucia dos Reis. Rio de Janeiro: Objetiva, 2010.

FIGUEIREDO, A. M. Ética: origens e distinção da moral. **Saúde, Ética e Justiça**, v. 13, n. 1, p. 1-9, 2008. Disponível em: <https://www.revistas.usp.br/sej/article/view/44359>. Acesso em: 10 set. 2023.

FIORILLO, C. A. P. **Curso de direito ambiental brasileiro**. 10. ed. São Paulo: Saraiva, 2009.

FICHTNER, J. A.; MANNHEIMER, S. N.; MONTEIRO, A. L. A confidencialidade na arbitragem: regra geral e exceções. **Revista de Direito Privado**, v. 13, n. 49, p. 227-309, jan./mar. 2012.

FRAZÃO, A. (Org.). **Constituição, empresa e mercado**. Brasília: Faculdade de Direito/UnB, 2017.

FRAZÃO, M. F. A.; COSTA, S. S.; NEVES, F. N. O. A dimensão ética da responsabilidade social nas organizações. **Maiêutica Digital**, Salvador, v. 1, n. 2/3, p. 196-210, set. 2006/abr. 2007. Disponível em: <https://silo.tips/download/a-dimensao-etica-da-responsabilidade-social-nas-organizaoes>. Acesso em: 10 set. 2023.

FREITAS, J. **Sustentabilidade**: direito ao futuro. 2. ed. Belo Horizonte: Fórum, 2012.

GABBAY, D. M. **Mediação e Judiciário**: condições necessárias para a institucionalização dos meios autocompositivos de solução de conflitos. 273 f. Tese (Doutorado em Direito Processual) – Universidade de São Paulo, São Paulo, 2011. Disponível em: <https://www.teses.usp.br/teses/disponiveis/2/2137/tde-24042012-141447/en.php>. Acesso em: 10 set. 2023.

GABBAY, D. M.; ALVES, R. F.; LEMES, S. F. (Coord.). **Arbitragem e Poder Judiciário**. São Paulo: FGV, 2009. Disponível em: <https://bibliotecadigital.fgv.br/dspace/bitstream/handle/10438/2866/working%2520paper%252042.pdf>. Acesso em: 28 ago. 2023.

GARCÍA MÁYNEZ, E. **Etica**: etica empírica, etica de bienes, etica formal, etica valorativa. 18. ed. México: Porrúa, 1970.

GASPARINI, N. S. **A confidencialidade na arbitragem e o dever de informação nas companhias listadas no novo mercado**. 81 f. Trabalho de Conclusão de Curso (Bacharelado em Direito) – Fundação Getúlio Vargas, Rio de Janeiro, 2019. Disponível em: <https://bibliotecadigital.fgv.br/dspace/bitstream/handle/10438/29619/NATHALIA SCHWENGBER GASPARINI.pdf?sequence=1&isAllowed=y>. Acesso em: 10 set. 2023.

GEISSDOERFER, M. et al. The Circular Economy – A New Sustainability Paradigm? **Journal of Cleaner Production**, v. 143, p. 757-768, Febr. 2017.

GONÇALVES, A. P. **A ética na arbitragem**: os deveres de independência, imparcialidade e revelação dos árbitros. 57 f. Trabalho de Conclusão de Curso (Bacharelado em Direito) – Universidade Federal Fluminense, Volta Redonda, 2019. Disponível em: <https://app.uff.br/riuff/handle/1/22896>. Acesso em: 15 maio 2024.

GONÇALVES, J.; GOULART, J. **Negociação, conciliação e mediação**: impactos da pandemia na cultura do consenso e na educação jurídica. Florianópolis: Emais Academia, 2020.

GRINOVER, A. P. Os métodos consensuais de solução de conflitos no novo CPC (2015). In: GRINOVER, A. P. et al. **O novo Código de Processo Civil**: questões controvertidas. São Paulo: Atlas, 2015. p. 1-21.

GRINOVER, A. P.; WATANABE, K. Apresentação da coleção ADRs. In: LUCHIARI, V. F. L. **Mediação judicial**: análise da realidade brasileira – origem e evolução até a Resolução nº 125, do Conselho Nacional de Justiça. Rio de Janeiro: Forense, 2012. (Coleção ADRs).

GUILHERME, L. F. V. A. **Manual de arbitragem e mediação**: conciliação e negociação. 5. ed. São Paulo: Saraiva, 2020.

HEIDEGGER, M. **Carta sobre o humanismo**. Lisboa: Guimarães editores, 1987.

HOBBUS, J. (Org.). **Ética das virtudes**. Florianópolis: Ed. da UFSC, 2011.

JONAS, H. **O princípio responsabilidade**: ensaio de uma ética para a civilização tecnológica. Tradução de Marijane Lisboa e Luiz Barros Montez. Rio de Janeiro: Contraponto; Ed. da PUC-Rio, 2006.

JORNADA PREVENÇÃO E SOLUÇÃO EXTRAJUDICIAL DE LITÍGIOS, 2., 2021, Brasília. **Enunciados Aprovados**. Brasília: Conselho da Justiça Federal/Centro de Estudos Judiciários, 2021. Disponível em: <https://www.cjf.jus.br/cjf/corregedoria-da-justica-federal/centro-de-estudos-judiciarios-1/prevencao-e-solucao-extrajudicial-de-litigios>. Acesso em: 10 set. 2023.

KHVALEI, V. Using Red Flags to Prevent Arbitration from Becoming a Safe Harbour for Contracts that Disguise Corruption. **ICC – International Court of Arbitration Bulletin**, v. 24, 2013.

LAVALL, T. P.; OLSSON, G. Governança global e o desenvolvimento na sua pluridimensionalidade: um olhar sobre a Agenda 2030 das Nações Unidas. **Direito e Desenvolvimento**, v. 10, n. 1, p. 51-64, jan./jun. 2019. Disponível em: <https://periodicos.unipe.br/index.php/direitoedesenvolvimento/article/view/990>. Acesso em: 10 set. 2023.

LEAL JUNIOR, J. C.; MUNIZ, T. L. Análise crítica sobre a utilização da arbitragem na solução de conflitos do comércio internacional. **Revista Direito em Discurso**, Londrina, v. 5, n. 1, p. 75-86, jan./jun. 2012. Disponível em: <https://ojs.uel.br/revistas/uel/index.php/rdd/article/view/15684/0>. Acesso em: 10 set. 2023.

LEMES, S. M. F. Arbitragem: princípios jurídicos fundamentais – direito brasileiro e comparado. **Revista de Informação Legislativa**, v. 29, n. 115, p. 441-468, jul./set. 1992. Disponível em: <https://www2.senado.leg.br/bdsf/item/id/176007>. Acesso em: 15 maio 2024.

LIEDER, M.; RASHID, A. Towards Circular Economy Implementation: a Comprehensive Review in Context of Manufacturing Industry. **Journal of Cleaner Production**, v. 115, p. 36-51, 2016.

LORENTZ, L. N. **Métodos extrajudiciais de solução de conflitos trabalhistas**: comissões de conciliação prévia, termos de ajuste de conduta, mediação e arbitragem. São Paulo: LTr, 2002.

LUCHIARI, V. F. L. **Mediação judicial**: análise da realidade brasileira – origem e evolução até a Resolução nº 125, do Conselho Nacional de Justiça. Rio de Janeiro: Forense, 2012. (Coleção ADRs).

MARASCHIN, M. U. (Coord.). **Manual de negociação baseado na teoria de Harvard**. Escola da Advocacia-Geral da União Ministro Victor Nunes Leal. Brasília: EAGU, 2017.

MARTINS, N. O. Ética, economia e sustentabilidade. **Prima Facie – Revista de Ética**, v. 3, n. 1, p. 7-30, 2009. Disponível em: <https://repositorio.uac.pt/handle/10400.3/2312>. Acesso em: 4 mar. 2024.

MEIRA, D. C. A.; RODRIGUES, H. W. O conteúdo normativo dos princípios orientadores da mediação. **Revista Jurídica da UNI7**, Fortaleza, v. 14, n. 2, p. 101-123, jul./dez. 2017. Disponível em: <https://periodicos.uni7.edu.br/index.php/revistajuridica/article/download/497/369/>. Acesso em: 10 set. 2023.

MELLO, C. A. B. **Curso de direito administrativo**. 9. ed. São Paulo: Malheiros, 1997.

MOORE, C. W. **The Mediation Process**: Practical Strategies for Resolving Conflict. 3. ed. San Francisco: Jossey-Bass, 2003.

MORAIS, J. L. B. de. **Mediação e arbitragem**: alternativas à jurisdição. Porto Alegre: Livraria do Advogado, 1999.

MUNCK, L.; DIAS, B. G.; SOUZA, R. B. de. Sustentabilidade organizacional: uma análise a partir da institucionalização de práticas ecoeficientes. **Revista Brasileira de Estratégia**, v. 1, n. 3, p. 285-295, set./dez. 2008. Disponível em: <https://periodicos.pucpr.br/REBRAE/article/view/13388>. Acesso em: 4 mar. 2024.

MUNIZ, D. L. L. Mediação: estudo comparativo. In: CASELLA, P. B.; SOUZA, L. M. (Coord.). **Mediação de conflitos**: novo paradigma de acesso à justiça. Belo Horizonte: Fórum, 2009. p. 313-340.

MUNIZ, T. L. A ética na mediação. In: CASELLA, P. B.; SOUZA, L. M. (Coord.). **Mediação de conflitos**: novo paradigma de acesso à justiça. Belo Horizonte: Fórum, 2009. p. 103-120.

MUNIZ, T. L. **Arbitragem no Brasil e a Lei 9.307/96**. Curitiba: Juruá, 1999.

NALINI, J. R. **Ética geral e profissional**. 9. ed. São Paulo: Revista dos Tribunais, 2012.

NALINI, J. R. **Ética geral e profissional**. 5. ed. São Paulo: Thomson Reuters Brasil, 2020.

NASCIMENTO, E. P. Trajetória da sustentabilidade: do ambiental ao social, do social ao econômico. **Estudos Avançados**, v. 26, n. 74, p. 51-64, 2012. Disponível em: <https://www.scielo.br/j/ea/a/yJnRYLWXSwyxqggqDWy8gct/>. Acesso em: 10 set. 2023.

NASH, L. **Ética nas empresas**: boas intenções à parte. Tradução de Kátia Aparecida Roque. São Paulo: Makron Books, 1993.

NODARI, P. C. A ética aristotélica. **Síntese – Revista de Filosofia**, Belo Horizonte, v. 24, n. 78, p. 383-410, 1997. Disponível em: <https://www.faje.edu.br/periodicos/index.php/Sintese/article/view/722>. Acesso em: 4 mar. 2024.

NOGUEIRA, A. H. O conceito de justiça na *República* de Platão. **Dissertatio**, v. 12, p. 5-48, 2000. Disponível em: <http://www2.ufpel.edu.br/isp/dissertatio/revistas/antigas/dissertatio12.pdf>. Acesso em: 10 set. 2023.

NOLAN-HALEY, J. Informed Consent in Mediation: a Guiding Principle for Truly Educated Decision Making. **Notre Dame Law Review**, v. 74, n. 3, p. 775-840, 1999.

OBRZUT NETO, E. E. Os limites da autonomia privada nos contratos internacionais: a arbitragem como meio alternativo. **Revista Jurídica Fadep Digital**, v. 1, n. 2, p. 101-117, 2017. Disponível em: <https://periodicos.unidep.edu.br/rjfd/article/view/50>. Acesso em: 15 maio 2024.

OLIVEIRA, M. A. de. **Ética e sociabilidade**. São Paulo: Loyola, 1993.

PAMPLONA, D. A. et al. (Org.). **Novas reflexões sobre o Pacto Global e os ODS da ONU**. Curitiba: NCA Comunicação e Editora, 2020.

PEGORARO, O. **Ética dos maiores mestres através da história**. Petrópolis: Vozes, 2006.

PEGORARO, O. **Ética dos maiores mestres através da história**. 3. ed. Petrópolis: Vozes, 2008.

PIOVESAN, F. Os cinquenta anos da Declaração Universal dos Direitos Humanos. **Pensamento e Realidade**, v. 4, n. 1, p. 5-7, 1999. Disponível em: <http://www.spell.org.br/documentos/ver/43920/os-cinquenta-anos-da-declaracao-universal-dos-direitos-humanos>. Acesso em: 10 set. 2023.

PRI – Principles for Responsible Investment. **Princípios para o investimento responsável (PRI)**. 2019. Disponível em: <https://www.unpri.org/download?ac=10969>. Acesso em: 4 mar. 2024.

PUGLIESE, A. C. F.; SALAMA, B. M. A economia da arbitragem: escolha racional e geração de valor. **Revista Direito GV**, São Paulo, v. 4, n. 1, p. 15-28, jan./jun. 2008. Disponível em: <http://www.scielo.br/pdf/rdgv/v4n1/a02v4n1>. Acesso em: 28 ago. 2023.

RAMOS, E. M. P. et al. **Mediação in company**: trabalho com equipes nas empresas. São Paulo: Dash, 2016.

RAOUF, M. A. How Should Internacional Arbitratrors Tackle Corruption Issues? **ICSID Review – Foreign Investment Law Jornal**, v. 24, n. 1, p. 116-136, 2009.

ROSENBERG, M. B. **Comunicação não violenta**: técnicas para aprimorar relacionamentos pessoais e profissionais. Tradução de Mário Vilela. 4. ed. São Paulo: Ágora, 2006.

RUSS, J. **Metodele in filosofie**. Bucuresti: Univers Enciclopedic, 1999.

RUSS, J. **Pensamento ético contemporâneo**. Tradução de Marcondes Cesar. São Paulo: Paulus, 1999.

SACHS, J. D. **A era do desenvolvimento sustentável**. Tradução de Jaime Araújo. Lisboa: Leya, 2017.

SADEK, M. T. Judiciário: mudanças e reformas. **Estudos Avançados**, v. 18, n. 51, p. 79-101, 2004. Disponível em: <https://www.scielo.br/j/ea/a/rmr7WmNQZLyrPJ7VfWLFPyc/>. Acesso em: 10 set. 2023.

SALES, L. M. M. **Justiça e mediação de conflitos**. Belo Horizonte: Del Rey, 2004.

SALES, L. M. M.; CHAVES, E. C. C. Mediação e conciliação judicial: a importância da capacitação e de seus desafios. **Sequência**, Florianópolis, v. 35, n. 69, p. 255-280, dez. 2014. Disponível em: <https://www.scielo.br/j/seq/a/99rC4BwcCsr5tyYjjfqcYHR/abstract/?lang=pt>. Acesso em: 10 set. 2023.

SALGADO, J. C. O Estado ético e o Estado poiético. **Revista do Tribunal de Contas do Estado de Minas Gerais**, Belo Horizonte, v. 27, n. 2, p. 37-68, abr./jun. 1998.

SAMPAIO JÚNIOR, J. H. O papel do juiz na tentativa de pacificação social: a importância das técnicas de conciliação e mediação. **Revista Opinião Jurídica**, Fortaleza, v. 9, n. 13, p. 153-181, jan./dez. 2011. Disponível em: <https://periodicos.unichristus.edu.br/opiniaojuridica/article/view/787>. Acesso em: 10 set. 2023.

SANCHO, J. C. **Horizontes de economía ética**. Madrid: Tecnos, 2004.

SCAVONE JUNIOR, L. A. **Manual de arbitragem**. 4. ed. São Paulo: Revista dos Tribunais, 2011.

SCHIESARI, M. B. C. **A ética na negociação**. 86 f. Dissertação (Mestrado em Business Administration) – Fundação Getulio Vargas, São Paulo, 1996. Disponível em: <https://bibliotecadigital.fgv.br/dspace/bitstream/handle/10438/5543/1199802028.pdf?sequence=1&isAllowed=y>. Acesso em: 10 set. 2023.

SEN, A. K. **Desenvolvimento como liberdade**. Tradução de Laura Teixeira Motta. São Paulo: Companhia das Letras, 1999a.

SEN, A. K. **Sobre ética e economia**. Tradução de Laura Teixeira Motta. São Paulo: Companhia das Letras, 1999b.

SILVA, C. P. H.; SPENGLER, F. M. Mediação, conciliação e arbitragem como métodos alternativos na solução de conflitos para uma justiça célere e eficaz. **Revista Jovens Pesquisadores**, v. 3, n. 1, p. 128-143, 2013.

SIMÃO, J. **Desenvolvimento sustentável**: conceitos. Texto de apoio às UC Ética Empresarial e Políticas para a Sustentabilidade. 2017. Disponível em: <https://repositorioaberto.uab.pt/handle/10400.2/7149>. Acesso em: 4 mar. 2024.

SIX, J.-F. **Dinâmica da mediação**. Tradução de Águida Arruda Barbosa, Eliana Riberti Nazareth e Giselle Groeninga. Belo Horizonte: Del Rey, 2001.

SOBREIRA FILHO, E. F.; LEITE, F. P. A.; MARTINS, J. A. M. Ética empresarial como base de sustentação do programa de compliance: uma breve análise sobre a ética, a integridade e o compliance. **Revista Relações Internacionais do Mundo Atual**, v. 2, n. 23, 2019. Disponível em: <http://revista.unicuritiba.edu.br/index.php/RIMA/article/view/3891>. Acesso em: 30 ago. 2023.

SOUZA, H.; RODRIGUES, C. **Ética e cidadania**. 4. ed. São Paulo: Moderna, 1994.

SOUZA, R. T. **Ética como fundamento**: uma introdução à ética contemporânea. São Leopoldo: Nova Harmonia, 2004.

STJ – Superior Tribunal de Justiça. **Vocabulário jurídico**: Princípio – princípio da boa-fé objetiva. Disponível em: <https://scon.stj.jus.br/SCON/servlet/ThesMain?action=consultar&pesquisa=PRINC%CDPIO>. Acesso em: 10 set. 2023.

STOCK, N. R. de M. **Estudo comparativo de agendas para a bioeconomia**: conceitos, importância e estratégias. 36 f. Trabalho de Conclusão de Curso (Graduação em Engenharia Bioquímica) – Universidade de São Paulo, Lorena, 2014. Disponível em: <http://sistemas.eel.usp.br/bibliotecas/monografias/2014/MBI14013.pdf>. Acesso em: 4 mar. 2024.

SUTHERLAND, W. J. et al. A 2021 Horizon Scan of Emerging Global Biological Conservation Issues. **Trends in Ecology & Evolution**, v. 36, n. 1, p. 87-97, Nov. 2021.

TAKAHASHI, B. et al. **Manual de mediação e conciliação na Justiça Federal**. Brasília: Conselho da Justiça Federal, 2019. Disponível em: <https://www.cjf.jus.br/cjf/corregedoria-da-justica-federal/centro-de-estudos-judiciarios-1/publicacoes-1/outras-publicacoes/manual-de-mediacao-e-conciliacao-na-jf-versao-online.pdf>. Acesso em: 10 set. 2023.

TARGA, M. I. C. C. C. **Mediação em juízo**. São Paulo: LTr, 2004.

TAVARES, A. A. M. et al. Conservação ambiental e sustentabilidade: uma análise cienciométrica. CONGRESSO NACIONAL DE PESQUISA E ENSINO EM CIÊNCIAS – CONAPESC, 4., 2019, Campina Grande. **Anais**... Campina Grande: Realize, 2019. Disponível em: <https://editorarealize.com.br/artigo/visualizar/56680>. Acesso em: 4 mar. 2024.

UN – United Nations. **Report of the World Commission on Environment and Development**: Our Common Future. 1987. Disponível em: <https://www.are.admin.ch/are/en/home/media/publications/sustainable-development/brundtland-report.html>. Acesso em: 15 maio 2024.

UN – United Nations. **The Sustainable Development Goals Report 2020**. 2020. Disponível em: <https://unstats.un.org/sdgs/report/2020/The-Sustainable-Development-Goals-Report-2020.pdf>. Acesso em: 15 maio 2024.

VALLS, Á. L. M. **O que é ética**. 9. ed. São Paulo: Brasiliense, 1994.

VÁZQUEZ, A. S. **Ética**. Tradução de João Dell'Anna. 23. ed. Rio de Janeiro: Civilização Brasileira, 2002.

VELÁSQUEZ, C. M. Derechos humanos, ética de la liberación y ética de la multiculturalidad. **Realidad – Revista de Ciencias Sociales y Humanidades**, San Salvador, n. 70, p. 429-456, 1999. Disponível em: <https://revistas.uca.edu.sv/index.php/realidad/article/view/2034>. Acesso em: 10 set. 2023.

VEZZULLA, J. C. **Teoria e prática da mediação**. Curitiba: Instituto de Mediação e Arbitragem do Brasil, 1998.

VICENTE, F. M. **Arbitragem e nulidades**: uma proposta de sistematização. 244 f. Tese (Doutorado em Direito Processual) – Universidade de São Paulo, São Paulo, 2010. Disponível em: <https://www.teses.usp.br/teses/disponiveis/2/2137/tde-30042013-151843/pt-br.php>. Acesso em: 4 mar. 2024.

WATANABE, K. Política pública do Poder Judiciário nacional para tratamento adequado dos conflitos de interesses. In: PELUSO, A. C.; RICHA, M. A. (Coord.). **Conciliação e mediação**: estruturação da política judiciária nacional. Rio de Janeiro: Forense, 2011. p. 3-10.

YAMADA, A. ADR in Japan: Does the New Law Liberalize ADR from Historical Shackles or Legalize it? **Contemporary Asia Arbitration Journal**, v. 2, p. 1-23, 2009.

ZAVOLSKI, L. U. T.; PAVELSKI, A. P. Cláusula arbitral nos contratos de trabalho. **Revista do TST**, São Paulo, v. 84, n. 4, out./dez. 2018. Disponível em: <https://juslaboris.tst.jus.br/bitstream/handle/20.500.12178/152033/2018_zavolski_lucymara_clausula_arbitral.pdf?sequence=1&isAllowed=y>. Acesso em: 10 set. 2023.

ZIMMERMANN, C. L. A arbitragem e os contratos internacionais. **Revista Jus Navigandi**, Teresina, v. 19, n. 3.884, 18 fev. 2014. Disponível em: <https://jus.com.br/artigos/26730/a-arbitragem-e-os-contratos-internacionais>. Acesso em: 15 maio 2024.

Capítulo 1

Questões para revisão

1. De acordo com os conceitos abordados no capítulo, ética, na qualidade de ciência, consiste no estudo sistemático e metódico do comportamento humano, bem como está relacionada com o exercício da racionalidade com a finalidade de alcançar o bem por meio da distinção entre o certo e o errado, o bem e o mal.

2. Para Aristóteles, o homem é virtuoso quando exercita a razão, com a finalidade de buscar o equilíbrio – justa medida – entre o excesso e a falta. Assim, é por meio do uso da razão que é possível ao homem exercer a prudência, com vistas a alcançar o bem.

3. d
4. b
5. b

*Todas as fontes citadas nesta seção constam na lista final de referências.

Capítulo 2

Questões para revisão

1. A proposta aqui é que o leitor retome a ideia do surgimento da ética, o qual está atrelado à economia, tendo em vista que também no âmbito econômico ocorrem comportamentos prejudiciais, sobretudo oportunistas e utilitaristas, e que afetam não apenas a coletividade, mas os indivíduos daquela relação. Assim, em um ambiente com mais confiança, isto é, que prestigia comportamentos honestos e compromissados, o desenvolvimento econômico tende a ser acelerado.

2. A ética convencionada corresponde a uma combinação coerente entre motivação para o lucro e valores altruístas voltados ao desenvolvimento da confiança e da cooperação entre as pessoas. Desse modo, de acordo com a autora Laura Nash (1993), a ética convencionada apresenta três pilares, quais sejam: criação de valor; lucro e retorno social como resultado de outra metas; e problemas empresariais em termos de relacionamento. É uma visão mais humanista para as relações corporativas, sem visar tão somente ao lucro.

3. b
4. b
5. b

Capítulo 3

Questões para revisão

1. Não é possível separar a ética na vida pessoal – particular do indivíduo – da ética na vida profissional, porque o indivíduo é um só e, assim, o exercício do comportamento ético está atrelado também à constituição e aos valores como indivíduo. Portanto, não é concebível uma pessoa ser ética no trabalho e não ser ética em suas relações familiares, por exemplo.

2. Por meio da estruturação de um código de ética, a ética profissional tem como objetivo estabelecer o padrão mínimo exigido para o exercício da função, com a garantia de tratamento igualitário e justo para todas

as partes envolvidas e a observância de princípios indispensáveis, tais como transparência, imparcialidade e confidencialidade, para buscar assegurar a resolução definitiva do conflito.

3. b
4. a
5. e

Lucymara Ursola Turesso Zavolski é mestre em Direito (2022) pelo Programa de Mestrado em Direito Empresarial e Cidadania – Atividade Empresarial e Constituição do Centro Universitário Curitiba (Unicuritiba); especialista em Direito Processual Civil (2019) pelo Centro Universitário Internacional Uninter; especialista em Direito do Trabalho e Processual do Trabalho (2018) pela Unicuritiba; e bacharel em Direito (2015) também pela Unicuritiba. Atua como advogada e tem experiência com pesquisa nas áreas de direito constitucional, direito internacional, *compliance*, ética, direito do trabalho e direito processual do trabalho.

sobre a autora

Impressão:
Julho/2024